Mi hermano el genio

PREMIO EDEBÉ DE LITERATURA INFANTIL

Rodrigo Muñoz Avia

Mi hermano el genio

PREMIO EDEBÉ DE LITERATURA INFANTIL

edebé

Obra ganadora del Premio EDEBÉ de Literatura Infantil según el fallo del Jurado compuesto por: Teresa Colomer, Pep Durán, Esperanza Nova, Roberto Santiago y Vicenç Villatoro.

Paseo de San Juan Bosco, 62
08017 Barcelona
www.edebe.com

Atención al cliente: 902 44 44 41
contacta@edebe.net

Directora de Publicaciones: Reina Duarte
Diseño de la colección: Book & Look
Ilustraciones: Jordi Sempere

11.ª edición

ISBN: 978-84-236-7826-6
Depósito legal: B. 31887-2011
Impreso en España
Printed in Spain

Índice

Capítulo uno

El mundo se divide en dos tipos de personas: los genios y los demás.

Eso es lo que dice mi madre.

Entre los genios se encuentra mi hermano.

Entre los demás me encuentro yo.

Esto mi madre no lo dice así, pero yo sé que lo piensa.

Yo también lo pienso, la verdad.

Me llamo Lola, tengo diez años y me gusta el fútbol.

Cuando juego lo que más me gusta es defender al que lleva la pelota y no dejarle acercarse a nuestra portería y tirarme hacia la bola en cuanto puedo y quitársela y levantarme y salir corriendo con ella y pasársela a alguno de nuestros delanteros o tirar desde lejos, como el día que le metí gol a los del SEK de un cañonazo.

Aunque soy chica, estoy en el equipo de fútbol del colegio. Soy la única chica que juega en mi equipo o que juega en cualquiera de los equipos de la liga interescolar de la zona noroeste de mi ciudad. A veces los jugadores de los demás equipos se extrañan de tener que jugar contra una chica, pero cuando ven cómo defiendo, cómo corro y cómo le pego a la pelota, les cambia la cara. El día que los colegios de mi zona, incluido el mío, hagan equipo de fútbol femenino jugaré con las chicas, pero no sé si ese día llegará alguna vez.

También me gustan el baloncesto y el tenis y el atletismo. Ninguna niña de Primaria ha corrido nunca en la historia de mi colegio los mil metros en menos de cuatro minutos. Yo sí. Tardé tres minutos y cincuenta segundos.

Siempre que voy caminando por la calle juego a saltar las baldosas de tres en tres o de cuatro en cuatro, y me imagino que bato el récord mundial de salto de longitud. También lo hago a la pata coja o con las dos piernas juntas. O tirando la pelota hacia arriba al mismo tiempo y cogiéndola al caer.

Cuando la pelota se me escapa, aunque sea muy poco, mi madre piensa que se me va a caer a la calzada y se pone muy nerviosa y me dice que pare quieta ya de una vez.

—¿No puedes descansar un momentito?

Mi madre dice que siempre estoy moviéndome.

Mi padre y mi hermano también.

Que si hay espacio para moverse, yo me muevo. Que si hay algo para tirar, yo lo tiro. Que si hay un lugar desde el que saltar, yo salto. Que soy un saco de nervios. Que hago mucho ruido.

Dicen que ni siquiera cuando duermo dejo de moverme. Que por la noche muevo las piernas y canto goles y no paro de hablar con los ojos cerrados.

Este año mi madre me ha apuntado a violín. Otra vez.

Es el tercer año que lo hace.

Capítulo dos

Sí, mi hermano es un genio.

Lleva tocando el piano desde que tenía seis años. Cuando tenía nueve años dio su primer concierto en el Auditorio Municipal. Ahora tiene quince años y está a punto de participar en el concurso para jóvenes pianistas más importante de Europa.

Es muy gracioso. Cuando toca, mi hermano mueve mucho la cabeza y las piernas y los labios como si estuviera hablando. Creo que él también es nervioso, como yo. A veces se mueve tanto que casi no está sentado sobre el asiento y en vez de tocar el piano parece que estuviera andando con los dedos por encima de las teclas o algo así. A mí me encantaría tocar el piano tan bien como él lo hace. No entiendo que sus dedos acierten siempre en la tecla que quieren tocar y se muevan tan deprisa y su mano izquierda haga cosas tan distintas de lo que hace la derecha.

La mayor parte del tiempo mi hermano toca estudios que son un poco aburridos. Pero a veces, cuando está más tranquilo, toca algunas obras que me encantan. Entonces dejo de hacer lo que estoy haciendo y me siento en mi cama y disfruto de la música que sale de su habitación. En esas ocasiones me parece que no hay nada más maravilloso que oír tocar el piano a mi hermano.

Mi madre es profesora de música en el

conservatorio. Nadie en el mundo sabe más de música que ella. Cuando pone una obra en el equipo del salón, algunas veces lo que hace en vez de escucharla en silencio es hablar todo el rato y explicarnos a nosotros muchas cosas de las que ella es capaz de darse cuenta. Por ejemplo, qué instrumentos son los que suenan, o qué pretendía el compositor con una melodía en concreto, o qué diferencia a ese músico de todos los demás.

Mi madre conoció a mi padre en el conservatorio, pero cuando los dos eran alumnos. Mi madre siempre dice que lo primero que le llamó la atención de mi padre no fue su manera de tocar el piano, ni su manera de componer, sino lo guapo que era.

Mi padre es músico. No da conciertos ni nada así, pero compone un montón de cosas para gente que se lo pide. Algunos anuncios llevan música suya y a veces prepara obras especiales para bodas o fiestas o espectáculos deportivos. El estudio de mi padre no está en casa porque dice que en casa ya hay bastante música y bastante ruido, y que para crear música lo mínimo que necesita es un poco de silencio alrededor. Es curioso, pero el único instrumento que puede verse en el estudio de mi padre es un piano eléctrico. Mi padre dice que no necesita más, porque todo lo hace con el ordenador.

A mi padre no le gusta tanto como a mi madre hablar de los genios. En realidad no le gusta nada. Dice que no es bueno que mi madre nos meta esas ideas en la cabeza, que lo más importante en la vida y en la música es el trabajo.

Mi padre dice que si mi madre habla

tanto de los genios es sólo por fastidiarle a él, porque él no es ningún genio.

—En el mundo sólo hay veinticinco genios al mismo tiempo, lo he leído en un estudio —dice mi madre.

—Me parece muy bien. Me encanta no pertenecer a ese grupo, sino al de los seis mil millones de habitantes normales —dice mi padre, y mi madre se ríe.

Pero los días que mi madre oye música de Mozart cambia un poco su percepción de la humanidad. En esos días dice que el mundo se divide en dos tipos de personas: Mozart y los demás. Entonces yo me siento más parecida a mi hermano, aunque sólo sea durante un rato.

Puede que el mundo se divida en Mozart y los demás. Pero también podría dividirse de otras muchas maneras. Por ejemplo: Leo Messi y los demás.

Ningún otro miembro de la humanidad puede meter un gol como el que Messi metió al Getafe. Nadie, aunque lo intente, es capaz de regatear a dos jugadores en el centro del campo, regatear luego a otros dos, correr hasta la portería con el balón controlado, esquivar al portero y marcar a puerta vacía.

Leo Messi sí.

Mozart no.

No lo he dicho, pero mi hermano se llama Gracián. Gracián Mangionne López. Igual has oído alguna vez su nombre. Una vez salió en el telediario.

Capítulo tres

Los lunes y los miércoles por la tarde voy a clase de violín. A mí el violín me parece el instrumento más difícil de todos, porque antes de poder tocar una obra con él, tienes que aprender a hacerlo sonar, y no es tan fácil. En el piano si das a las teclas suenan, pero en el violín no. En el violín tiene que pasar mucho tiempo antes de que el instrumento deje de sonar a gato pisoteado. Yo todavía no lo he conseguido.

Mi madre siempre dice que me metió en violín y no en piano para evitar las comparaciones con mi hermano. O sea, que para que yo no me frustrara me metió con un instrumento que ni siquiera suena.

La profesora de violín se llama Ka Hun Za y es coreana. Es amiga y compañera de mi madre en el conservatorio. Ka Hun Za es muy sonriente y muy buena, y toca el violín de maravilla. Lo primero que hace Ka Hun Za cada día al empezar la clase es relajarnos. Los ocho niños que somos tenemos que sentarnos en corro en el suelo y darnos la mano y cerrar los ojos. Entonces Ka Hun Za empieza a tocar su violín muy despacio alrededor de nosotros. El violín de Ka Hun Za es muy bueno y muy caro, y nosotros tenemos completamente prohibido acercarnos a él o tocarlo un poco, aunque sea con un dedo. Supongo que lo que toca Ka Hun Za alrededor de nosotros es muy bonito, pero yo nunca puedo escucharlo porque la tonta de Jimena está todo el rato pellizcándome y apretándome la mano y haciendo imposible que me relaje de ninguna de las maneras. Jimena es la única alumna que en los dos años anteriores ha aprendido tan poco violín como yo.

Luego Ka Hun Za nos pide que sigamos con los ojos cerrados y va tocando, sin presionarlas ni nada, las distintas cuerdas con el arco. Al principio lo hace en orden, desde la primera hasta la cuarta, y luego ya no, y nosotros tenemos que adivinar qué cuerda está tocando. A Ka Hun Za no le gusta que le digamos el número de cuerda, sino la nota que está sonando. Por ejemplo: *«re»*. Cada una de las cuatro cuerdas es una nota distinta, y si además las presionas con los dedos de la mano izquierda entonces ya puedes hacer muchas más notas. A mí no se me suele dar muy mal lo de averiguar las cuerdas. Según Ka Hun Za ése es el único momento de la clase en el que estoy quieta, pero yo creo que exagera un poco.

Ka Hun Za dedica más de la mitad de la clase todos los días a trabajar nuestra postura con el violín. Al parecer lo más difícil con el violín es la posición del cuerpo, conseguir tener los hombros, los brazos y las muñecas relajados mientras tocas. A mí personalmente no es que me parezca difícil, es que me parece imposible. Un minuto después de adoptar la postura y llevar el arco a las cuerdas, tengo los brazos y el cuello y los hombros tan cansados que empiezo a sudar por la cara, y Ka Hun Za me dice que descanse y que es ridículo tocar el violín con la cara tan roja y sudando de esa manera y moviendo tantísimo los pies de un sitio para otro.

Últimamente Ka Hun Za ha decidido que yo toque el violín sentada, aunque en teoría ésa no es la mejor posición para aprender a relajar los hombros. Pero dice que es la única manera de que permanezca quieta en el mismo sitio mientras toco y también mientras tocan los demás. Ka Hun Za dice que claro que tengo facultades para tocar el violín, y que además cómo no iba a tenerlas siendo hija de quien soy hija y hermana de quien soy hermana. Pero yo no estoy tan segura.

La verdad es que muchos días estoy un poco distraída en la clase, sentada en mi silla mientras los demás están de pie. Cuando Ka Hun Za me pregunta si estaba escuchando a mis compañeros siempre le digo que sí. Pero un rato después estoy de nuevo imaginándome alguna jugada de fútbol, por ejemplo ese momento en que, en la misma línea de gol, cuando ya nuestro portero ha sido rebasado por un disparo inalcanzable, yo estiro la pierna y, entre aplausos del público, salvo lo que ya era un gol cantado en nuestra contra.

Hoy, cuando acaba la clase de violín, voy con mi madre a comprar unas botas de fútbol. Mi madre me ha prometido que me compra las botas a cambio de que me tome más en serio las clases de violín. Pero yo he estado toda la clase pensando en mis botas doradas e imaginando los pepinazos que le iba a dar a la bola con esa puntera dura y redondeada que tienen todas las botas. Lo bueno del fútbol es que

no hace falta relajar los hombros para jugarlo bien.

Al final las botas que me he comprado son rojas, porque no había botas doradas sin tacos y para jugar sobre cemento son mejores las botas sin tacos. He decidido salir de la tienda con las botas puestas.

—Te las quitas en cuanto entremos en casa —dice mi madre en el autobús que nos lleva a casa.

—Vale —respondo, porque en nuestra casa es obligatorio dejar los zapatos junto a la puerta, para no molestar a mi hermano Gracián cuando estudia piano.

Acaricio mis botas. Pienso en el partido del sábado. Jugamos contra el Santa Teresa, que es un hueso duro de roer. No es que sean muy buenos, pero son muy grandes y muy brutos. Si queremos quedar entre los cuatro primeros de la Liga para poder jugar el campeonato autonómico en junio es muy importante que ganemos este tipo de partidos. Al menos eso es lo que dice nuestro entrenador.

—¿Habéis empezado ya con el tercer dedo? —dice mi madre de pronto.

—¿Qué?

—El violín, hija.

—Ah, no —le digo y, sin dejar de acariciar mis botas, añado—: ¡Mira qué *suavitas* son!

Capítulo cuatro

Lo malo de ser genial es que tienes que estudiar un montón.

Mi hermano Gracián no hace otra cosa que tocar el piano. De verdad. Toca una hora tras otra tras otra tras otra. No quiero ni imaginar lo que tuvo que estudiar Mozart si fue tan genial como dice mi madre. A mí por eso no me importa demasiado no ser muy genial, porque los genios están obligados siempre a demostrar que lo son. Como no pueden equivocarse nunca, tienen que estudiar todo el rato sin parar.

Mi madre y yo pegamos la oreja a la

puerta de casa para saber si Gracián está tocando. No oímos nada. Nos extraña. Mi madre mete la llave en la cerradura y empuja la puerta muy despacio. Me hace gestos para que pase en silencio, porque ahora sí que se oye el piano de Gracián, aunque muy, muy bajito. Me quito las botas y me voy a mi habitación con ellas, pero cuando voy por el pasillo suena un estruendo tremendo que me hace dar un salto casi de dos metros. Es el piano de Gracián, que ha pasado de tocar todo lo bajo que te puedas imaginar a tocar todo lo alto que te puedas imaginar. Odio que me den sustos así. Estoy convencida de que Gracián lo ha hecho aposta porque nos ha oído llegar.

—¡Muy gracioso, Gracián! —digo bien alto.

Mi madre me manda callar con el dedo.

Entro en mi habitación y me encierro. Lo peor que tiene el piano de Gracián no es que a veces suene muy fuerte. Lo peor es que suena durante todo el día sin parar. Mi madre dice que para que no fuera desagradable para los demás aislaron acústicamente el cuarto de Gracián, con corchos y fibras especiales, y que ahora suena muchísimo menos. Pero yo creo que en realidad mi madre aisló el cuarto para que los demás no molestáramos a Gracián. Y lo peor es que, diga lo que diga mi madre, el aislamiento no ha debido de hacer mucho efecto. La verdad es que a veces no resulta muy fácil vivir en la misma casa que un genio.

Creo que éste fue el motivo por el que mi padre decidió irse a trabajar fuera de casa, porque estaba harto del piano de Gracián. Y creo que a lo mejor si yo me muevo tanto y hago tantas cosas todo el rato es porque si no las hiciera estaría siempre oyendo el piano de mi hermano. En mi casa si te paras, si te callas, si descansas, sólo haces una cosa. Tú ya sabes cuál.

Ahora el piano suena otra vez a una intensidad que no me parece normal. Me pongo las botas, me las ato con fuerza y... miro encima de la estantería roja. Mi madre no me deja tener pelotas en la habitación porque dice que lo malo de las pelotas es que siempre acaban chocando en el sitio que no deben. Pero yo sé que hay una excepción a la prohibición de tener pelotas en la habitación: el balón que me consiguió un día mi tío en el campo del Barcelona. Me subo a la silla y lo cojo de lo más alto de la estantería. Se ponga como se ponga, mi hermano no tiene un piano firmado por Mozart. Yo, en cambio, tengo un balón firmado por Messi, el mismísimo Leo Messi. Miro la firma con satisfacción y lanzo el balón al suelo desde la silla. Sigue hinchado, estupendo, unas pataditas de nada tampoco creo que estropeen la firma.

De fondo el piano de mi hermano no me da descanso. Así que acerco el pie a la bola, hago una cola de vaca, me voy de mi defensor, me escoro a la banda, disparo y... ¡¡casi!! Vuelvo a intentarlo, la cola de vaca me sale perfecta, tengo la impresión de que con estas botas voy a hacer maravillas, dejo al defensa plantado como un palo en el sitio, llego al borde del área, amago con la izquierda, le pego con la derecha y..., y... ese estruendo metálico me hace mucho daño en los oídos. Es la lata con mi colección de chapas, que ha caído boca abajo desde la balda más alta de la estantería.

Creo que de todas las cosas que había en mi cuarto ésta era la que más ruido podía hacer. Me agacho a recogerlas con la esperanza de que mi madre no lo haya oído, pero cuando estoy de rodillas en el suelo se abre la puerta.

Es mi hermano.

Va con pijama, como siempre. El pijama es la prenda de vestir que más le gusta a Gracián. Aparte de ser genial y tocar el piano fenomenal y haber salido en el telediario, mi hermano es una persona un poco especial. No le gusta nada salir de casa. Mi madre dice que ya cuando tenía dos años se cogía unos berrinches terroríficos si le quitabas el pijama y le ponías ropa de salir a la calle. Desde entonces Gracián pasa la mayor parte del tiempo con pijama

y si no va al colegio con pijama es porque mis padres no se lo permiten.

Veo que me mira, pero luego mira hacia el suelo para tratar de pensar. Es algo que le pasa muchas veces a Gracián, que cuando lleva mucho tiempo tocando el piano luego le cuesta un montón hablar.

—Hola, hermana.

—Hola, Gracián. Perdona por el ruido, espero no haberte interrumpido.

Mi hermano pone cara de estar haciendo un gran esfuerzo.

—Botas nuevas —dice.

Si no conociera ya a Gracián pensaría que es bobo de remate, porque dedicar tanto esfuerzo para decir esas palabras me parece excesivo.

—Sí, son nuevas, me las ha comprado mamá. ¿Te gustan?

De nuevo parece que Gracián tiene que hacer un gran esfuerzo.

—Es a ti —dice.

—¿Cómo?

—Es a ti a quien le tienen que gustar.

Mi madre dice que muchas veces los genios musicales como Gracián utilizan otras partes del cerebro, por ejemplo las responsables del lenguaje o de la visión o del movimiento, para la música. Dice que por eso Gracián tiene a veces esos problemas para hablar, porque ha puesto el área del lenguaje de su cerebro al servicio de la música.

—Te quiero pedir una cosa, Lola, es muy sencilla —parece que el atasco ya se le ha pasado.

Me pone la mano suavemente sobre la cabeza.

—No hagas más ruido, ¿vale?

—Vale.

Cuando alguien te pide las cosas de esta manera es muy difícil decirle que no, está claro. Es increíble lo serio que puede ponerse Gracián con estos temas. Pero cuando quita la mano de mi cabeza, digo:

—¿Te puedo pedir yo una cosa a ti?

—¿Cuál?

—¿Puedes tocar algo que me guste? Me apetece oírte desde aquí.

—Ya —dice.

Entonces me mira, me coge del brazo y me hace sentarme a su lado sobre la cama. Antes de hablarme se mira las yemas de los dedos. Es un gesto que hace muchas veces: mirarse los dedos y luego morderse algún pellejo o alguna uña, suponiendo que le quede alguna, porque lleva las uñas tan cortas que prácticamente no se ven. Los extremos de los dedos los tiene brillantes y lisos.

—Mira —me dice—, ¿sabes que tengo un concurso, verdad?

—Sé todo sobre tu concurso, Gracián, sé lo importante que es, sé que tienes que estudiar mucho, sé que bajo ningún concepto debo perturbar tu trabajo.

—¿Te he dicho yo eso alguna vez?

—No, lo dice mamá.

—No puedo descentrarme tocando cosas distintas de las que tengo que estudiar, Lola. Seguramente no puedes entenderlo, pero es así.

—Yo puedo entender casi todo, Gracián, no te creas.

—Me alegro —dice—. Te agradezco mucho que me ayudes tanto en estos días.

—De todas formas, si tocas un poco

más bajo a lo mejor yo estoy más tranquila y hago también menos ruido.

—¿Tú crees?

—Creo que sí, aunque a veces no me doy cuenta y hago más ruido del que quiero hacer.

Gracián mira al suelo de nuevo. Luego se mira los dedos. El suelo, los dedos, el suelo, los dedos. Sale de la habitación sin decir nada. No sé si considera que nuestra conversación ha terminado así de golpe o piensa volver.

Oigo que entra en su dormitorio y que enseguida vuelve al mío. Viene con algo en la mano.

—Toma —me lo da.

Es una especie de bola de barro de modelar, del tamaño de una pelota de *ping-pong*. Está dura y seca, y parece hueca por dentro. Veo que tiene un pequeño orificio.

—Es un *sukuyama* —dice—, los japoneses lo usan para guardar el ruido dentro.

—Ah —digo, y acerco el oído al agujero—. No suena nada.

—El ruido entra ahí, pero no sale. Eso es lo bueno. Te lo regalo. Lo único que tienes que hacer es meter en él todos tus ruidos.

—Pero...

—No preguntes más, sabrás hacerlo.

Gracián se da la vuelta y sale de la habitación. Un momento después se asoma de nuevo:

—Ah, y no soy yo el que toca alto, es Beethoven.

Oigo que se encierra en su cuarto. Miro la bola que tengo en la mano. *Sukuyama*. No sé si Gracián me está tomando el pelo o la bola esta realmente sirve para algo. Seguramente lo único que quiere mi hermano es tenerme un rato entretenida mientras trato de averiguar cómo funciona.

Capítulo cinco

Mis padres siempre dicen que están encantados de que yo juegue al fútbol. Que da igual que sea chica y las chicas suelan practicar otros deportes. Que si el fútbol es lo que me gusta y encima se me da bien, no pueden negarme que esté en el equipo del colegio.

Pero cuando llega el sábado por la mañana no hay quien les saque de la cama, y los dos me dicen lo mismo:

—Cariño, no me toca a mí, yo ya te llevé el sábado pasado —lo cual, lógicamente, sólo puede ser verdad para uno de los dos, pero no para los dos a la vez.

Yo creo que en realidad a mis padres no les hace ninguna ilusión que yo juegue al fútbol, pero como saben que a mí sí me hace, pues no les queda más remedio que permitírmelo. Que yo sea la chica que mejor juega al fútbol de todo el colegio les da igual en el fondo. Preferirían un millón de veces que tocara el violín un poco mejor, al menos como el resto de mis compañeros de clase.

A mi padre no le ha dado tiempo ni a tomarse el café. Estamos parados en un semáforo y trata de colocarse mejor el pelo mirándose en el retrovisor, sin darse cuenta de que es lo mismo que ha hecho en los tres semáforos anteriores. Bueno, la verdad es que yo también he revisado varias veces los nudos de mis botas nuevas, a lo mejor más veces de las que me he dado cuenta.

—Siento mucho haberte sacado de la cama, papá.

—Tranquila, siempre se nos olvida lo de tus partidos.

—Os lo dije anoche.

—Bueno, ya, pero los viernes nos acostamos más tarde y...

—¿A que si fuera un concierto de violín no os olvidaríais?

—¿Por qué dices eso, Lola? No es justo. ¿Cuándo hemos dejado de llevarte a un partido?

—Si tú y mamá hubierais sido futbolistas os gustaría más el fútbol, pero claro, sois músicos.

—A mí no me disgusta el fútbol, hija, y menos que tú lo juegues.

—No es fácil jugar al fútbol en una familia de músicos.

—Pobrecita, tienes una vida muy desgraciada —ha dicho mi padre en plan irónico.

Cuando entro en el colegio todos mis compañeros de equipo corren a verme. Jamás me reciben de esta manera, pero es que jamás he llevado unas botas rojas tan chulas como éstas.

—¡Guau, son rojas!

—¿Dónde las has comprado?

—¿Cuánto te han costado?

—¿Tienen tacos?

—¿Las has estrenado? —me ha dicho entonces Manu, que además de ser el mejor defensa de nuestro equipo, es un poco bruto.

—No —le digo.

—Pues toma —y me da un pisotón en cada pie, con su vieja y sucia zapatilla negra—. Ya están estrenadas.

Protesto un poco, porque Manu me

ha dejado ya la marca de sus suelas en las botas, pero Manu me asegura que las botas se estrenan con un pisotón, que da buena suerte.

Antes de los partidos el entrenador nos reúne en un corro y nos da algunos consejos. A diferencia del corro que hacemos en la clase de violín aquí no estamos sentados, ni nos damos la mano ni cerramos los ojos. Al contrario, estamos todo el rato saltando y calentando los músculos y mirando de reojo a nuestros rivales.

—Tres ideas —ha dicho el entrenador—. Primera: el partido lo vamos a ganar en la segunda parte, no nos pongamos nerviosos antes de tiempo. Segunda: lo único que os pido para esta primera parte es que mantengáis la portería a cero, es decir, que defendamos a muerte. Y tercero: ellos son más grandes y más fuertes, pero nosotros somos más técnicos. Sólo cuando estén cansados podremos hacer nuestro fútbol y marcar un gol.

La novia de nuestro entrenador es hermana de la novia del hijo de Johann Cruyff, que fue un jugador y entrenador muy famoso del Barcelona. Por eso nuestro entrenador se cree tan importante. A mí me gustaría jugar de delantera, pero el entrenador me pone siempre de defensa. Dice que soy más tenaz que un perro de presa persiguiendo un hueso, y puede que tenga razón.

Cuando ya íbamos a sacar de centro, uno de los jugadores del Santa Teresa, el más alto, y al parecer el más chulo, ha dicho:

—¿Vais a jugar con una chica en vuestro equipo? Si queréis os damos un par de goles de ventaja.

Entonces nuestro entrenador ha entrado en el campo, ha señalado al chico y ha dicho:

—Te lo digo a ti y a todos. En nuestro equipo juegan sólo los mejores. Que sean chicos o chicas nos da completamente igual. Si Lola está en este equipo es porque lo merece, al igual que sus compañeros están en este equipo por la misma razón, porque lo merecen.

Me ha gustado tanto lo que ha dicho mi entrenador que me he puesto un poco colorada. Cuando el entrenador ha salido del campo he buscado a mi padre con la mirada, para ver si había oído sus palabras. Pero resulta que mi padre está comprándoles un café a unos chicos de la ESO que todos los sábados ponen un puesto de bebidas en el patio.

La primera parte ha sido terriblemente cansada. Hemos estado todo el rato defendiendo. Yo he corrido tanto que al final me ha entrado flato y estaba deseando que llegara el descanso. La verdad es que no nos hemos acercado a la portería rival ni una vez, pero al menos hemos conseguido que no nos metieran ningún gol, que es lo que quería nuestro entrenador.

En el descanso me he bebido dos botellas de agua enteras y me he quitado las botas para ver si tenían algo en la parte del talón, porque me estaban molestando un poco.

—Estás muy roja. No debes correr tanto, hija, un día vas a reventar —ha dicho mi padre entonces.

—Teníamos que evitar que nos marcaran un gol a toda costa.

—Y lo habéis hecho muy bien, pero me parece excesivo que os esforcéis tanto.

—Enhorabuena —ha dicho entonces una voz desconocida.

He levantado la cabeza y he visto que era el padre de un jugador del Santa Teresa, que estaba dándole la mano a mi padre. Era un señor gordo y muy sonriente.

—Le felicito por la hija que tiene, está jugando un gran partido.

—Gracias, gracias —ha dicho mi padre.

—Supongo que algo así no sale de la nada. Apuesto a que usted también fue un gran deportista.

—Es músico —he dicho yo antes de que mi padre pudiera decir nada.

—No me diga —ha dicho el señor—. Como le veía tan delgado pensé que... ¿Y qué tipo de músico es usted?

—Bueno, yo únicamente hago música. A veces se utiliza para publicidad, a veces para películas o a veces, sencillamente, no se utiliza para nada.

—La música es maravillosa, tiene usted mucha suerte. Yo toco la guitarra, nada serio, pero me entretiene mucho. Mi nombre es Miguel García, encantado —y le vuelve a dar la mano a mi padre.

—Ah —dice mi padre—, encantado también. Mi nombre es Alberto Mangionne.

—¿Mangionne? —el señor se queda pensando—. ¿Pero no será usted padre del chico ese, cómo se llama...?

—Gracián, Gracián Mangionne —dice mi padre.

—No me diga. Le vimos en el telediario, en aquel reportaje, verdaderamente impresionante.

—Bueno, lo importante es que le gusta el piano y que se esfuerza para ser un gran pianista.

—A mi mujer y a mí nos encanta la música, lo que pasa es que mis hijos, en fin... —y señala al campo de fútbol—. No sabe la suerte que tiene usted con un hijo así.

Mi padre asiente. Entonces el señor me mira a mí y me hace una carantoña en el pelo.

—Así que tú eres su hermana. Estarás orgullosa, ¿eh?

Como no sé qué responder, empiezo a andar.

—Quiero ir al cuarto de baño a beber más agua —digo—. He corrido tanto... —según me marcho oigo una carcajada del señor gordo, como si mis palabras o mi comportamiento le hubieran hecho mucha gracia.

Al parecer que yo sea una chica y juegue al fútbol muy bien ya no le importa tanto. Al parecer ya lo único que le importa es que soy la hermana de Gracián Mangionne, que no ha dado dos toques seguidos a una bola en su vida.

En la segunda parte las botas empiezan a hacerme muchísimo daño en los talones. Cada vez me cuesta más correr. Ahora pienso que debería haber usado un poco más las botas antes de jugar un partido tan importante. Me duele tanto que lo más probable es que tenga ya una herida. Pero no digo nada, porque si digo algo el entrenador me va a quitar y no quiero que me quite.

—¡Lola! —es el entrenador, creo que sospecha algo—. ¿Estás cansada?

—No, no —he dicho—, para nada —y he empezado a dar saltos en el sitio, para demostrar que me encuentro bien.

—Si no estás bien, lo dices. Quiero que estemos todos al cien por cien. Lo que importa es el equipo. Si pierde el equipo, pierdes tú, acuérdate.

—Vale, vale.

En la siguiente jugada yo robo la bola al jugador más alto de ellos, que intentaba hacerme un túnel en plan vacilón, y con la pelota pegada al pie corro campo adelante. Me salen un par de defensores al paso, pero consigo irme de ellos por velocidad y plantarme delante del portero con el balón controlado. Entonces amago el disparo y con un toquecito me voy del portero por la izquierda y me meto hasta dentro de la portería con la bola. Levanto los brazos agarrada a la red y grito: «¡¡¡Goooooool!!!». Todos mis compañeros se tiran encima de mí alucinados del gol que he metido. Pero todo esto es mentira, claro; lo que pasa es que me gusta imaginarme cosas así, incluso cuando estoy jugando.

—¡¡¿Qué pasa, Lola?!! —me grita el entrenador cuando me ve parada en el centro del campo.

—Voy, voy —digo, y empiezo a correr como una jabata.

El dolor en los talones es insoportable, pero he decidido que el dolor no importa y que si corro mucho a lo mejor puedo olvidarme de él, y creo que ya estoy olvidándome de él, creo que ya he sido capaz de olvidarme de los talones y de ese dolor horroroso y ese escozor como si me hubieran arrancado un trozo de carne. Entonces me paro, miro al entrenador y le digo:

—Cambio.

Me quito las botas y salgo descalza. Tengo una mancha de sangre en ambos calcetines, a la altura del talón.

—No puedo seguir, son la botas nuevas —digo al llegar a la banda.

El entrenador manda entrar a Pier, otro compañero. Pier es lo más malo jugando al fútbol que he visto en mi vida, pero como está empeñado en estar en el equipo del colegio pues le dejan, aunque de suplente. El entrenador le da algunos consejos y el partido se reanuda. Pier es un verdadero coladero en su banda, todo el rato le regatean y el entrenador se desespera. Siento una rabia enorme por no poder seguir ayudando a mi equipo. Creo que hasta con una pierna amputada siempre sería mejor que Pier.

—Hija, cómo estás, déjame verte esos pies —es mi padre.

Me quita los calcetines. Tengo los talones en carne viva.

—Quita, papá, que no veo.

Al partido le quedan cinco minutos y sigue empatado a cero. Eso es lo único que a mí me importa ahora mismo.

—Cariño, vámonos a casa inmediatamente a curarte esas heridas. ¿Cómo no has dicho nada antes?

—Papá, quedan menos de cinco minutos.

—Ven, por favor —ha dicho mi padre, que debe de pensar que yo juego para hacer ejercicio, pero que el resultado del partido me da completamente igual.

Mi padre ha intentado levantarme del suelo, para lo cual ha vuelto a ponerse delante, en el momento justo en que Luis ha conseguido colarle una bola a Jorge Castro dentro del área. Trato de ver lo que ocurre, pero no consigo ver nada más que la chaqueta de pana de mi padre. Entonces lo oigo. Es un grito de todo el público a la vez.

—¡¡¡¡¡Goooooool!!!!!

Es increíble pero hemos ganado el partido. Nuestro entrenador es una máquina. Ha pasado justo lo que él ha dicho. Se nota que su novia es hermana de la novia del hijo de Johann Cruyff.

Capítulo seis

A mi padre le han encargado la música para un anuncio de Happy Laundry, que es un detergente con la caja rosa que a veces hay en mi casa. Mi madre dice que el Happy Laundry es un quitamanchas que se añade al detergente normal de lavadora, pero mi padre dice que es mucho más que eso, que es un producto integral que además de quitar las manchas más difíciles potencia el color, y que sus perlas de Oxi Action Intelligence, o algo así, recorren los tejidos y absorben hasta los restos de suciedad más difíciles. Mi madre se ríe de mi padre porque dice que parece mentira que sepa tanto si él jamás pone la lavadora.

A mi padre no le importa lo que diga mi madre, porque según él éste es un proyecto muy importante. Como está muy contento nos ha invitado a todos a cenar en un restaurante asiático donde también tienen hamburguesas, espaguetis y hasta tortilla de patatas para los que no les gusta la comida asiática. Lo de este restaurante es como si en el conservatorio además de clases de violín, o de piano, o de trompeta, dieran también clases de tenis, de baloncesto y de fútbol, para los que no les gusta la música.

He pasado toda la tarde en casa, tumbada en mi cama, mientras se me secaban las heridas de los talones. Escuchando la música que Gracián, o Beethoven, o quien fuera, tocaba en su habitación, he recordado el partido de esta mañana. Al terminar el partido el entrenador se ha interesado por mis heridas y me ha felicitado por haber pensado en el equipo antes que en mí misma y haber reconocido que estaba lesionada.

Cuando ha llegado la hora de ir al restaurante, Gracián, como siempre, ha dicho que él no quería salir de casa, pero mis padres le han obligado, porque piensan que es bueno que se oxigene un poco y no se obsesione tanto con el estudio.

—Ahora, aunque no te des cuenta, tu cerebro también está procesando a Schumann. Lo está reposando, asimilando —le ha dicho mi madre en el restaurante, cuando Gracián ha empezado a ponerse nervioso porque no traían nuestras hamburguesas, ni el *sushi* de mis padres.

Entonces me he imaginado el cerebro

de Gracián, solo en su habitación, descansando en el taburete del piano, a la espera de que alguien al fin levante la tapa del piano y abra los libros de partituras.

—¿Lo que tocabas hoy era de Schumann? —he dicho entonces.

Gracián se ha mirado la yema de los dedos, se ha mordido un pellejo y luego ha dicho:

—¿Cómo lo sabes?

—No lo sabía. Creía que era de Beethoven.

—¿Y eso? —ha dicho mi madre.

—Como últimamente tocaba todo el rato a Beethoven...

—Se parecen mucho —ha dicho mi padre.

—Bueno, no tanto —ha dicho mi madre—. Algún día podrás distinguirlos por ti misma.

—Schumann suena así —Gracián ha empezado a canturrear una melodía de piano con la boca—. Es más triste, más apagado, más raro. Beethoven suena así —y canturrea otra cosa—. Ni cuando pretende ser melancólico lo consigue igual.

Luego Gracián se ha encogido de hombros, ha vuelto a mirarse los dedos y ha encontrado otro pellejillo que arrancarse con los dientes. A este paso se le va a quitar el hambre.

—¿Schumann también era sordo? —he preguntado.

Mi padre se ha reído.

—¿Por qué, cariño? —ha dicho mi madre.

—Porque también suena muy alto. Lo de esta tarde ha sido...

—Beethoven sólo se quedó sordo en los

últimos años de su vida, Lola —ha dicho mi madre—. Y si a veces su música suena tan fuerte no es porque estuviera sordo.

—Ah —he dicho—. Entonces igual fue al revés. Igual Beethoven se quedó sordo por tocar tan fuerte el piano.

Mi padre ha vuelto a reír. Mi madre también ha reído.

—Yo creo que en casa también nos vamos a quedar un poco sordos —digo entonces.

—Bueno, Lola, no es para tanto. Peor era cuando no había aislamiento en el cuarto —ha dicho mi madre, y ha mirado hacia la puerta de la cocina, como si ya no quisiera seguir con la conversación.

Al fin nos traen la comida. Gracián y yo no tenemos cubiertos pero yo me tomo las patatas con los palillos chinos, que es bastante divertido. Entonces me acuerdo de Ka Hun Za, mi profesora de violín, que debe de ser una maestra con los palillos. Manejar los palillos y tocar el violín son actividades bastante parecidas, la verdad. A lo mejor por eso los coreanos son tan buenos con el violín.

A mí los palillos no se me dan mal al principio, pero luego siempre acabo desesperándome y cogiendo el tenedor. El tenedor me parece que está infinitamente mejor inventado, no es por nada. Y con el violín me pasa algo parecido. Al principio pienso que voy a ser capaz de hacerlo sonar como Ka Hun Za, pero enseguida me doy cuenta de que hay instrumentos mucho mejor inventados.

—Lola —dice mi madre cuando yo ya me he comido mi hamburguesa y cojo las patatas con un palillo en cada mano—, tenemos una buena noticia que darte.

—¿Vamos a tener un hermanito? —he dicho.

A mi padre le ha dado un ataque de risa. Mi padre cuando sale a cenar y se toma una cerveza sin alcohol se pone de lo más contento.

—No, hija, no es eso —ha dicho mi madre.

—¿Entonces?

—Esta vez vamos a ir los cuatro al concurso de Gracián. ¡Nos vamos todos a Jaén! ¡Todos a animarle y a darle suerte!

—¿En serio? —he mirado un momento a Gracián, que me sonríe.

Me ha parecido evidente que Gracián ya estaba enterado de esta noticia, se le nota en todo.

—Pero hay que estar tranquilitos —ha dicho mi madre.

—Eso —ha dicho mi padre.

Mi padre ha aprovechado para picar un par de patatas de mi plato. El *sushi* le encanta, pero yo creo que no le llena demasiado. Si hubiera un cesto de pan en el centro, como en los restaurantes españoles, estoy convencida de que se lo comería todo.

—Qué bien —he dicho—. ¿Y vamos a un hotel y todo eso?

—Claro —ha dicho mi padre cogiendo otra patata.

—¡Guau!

Me he puesto de pie, me he vuelto a sentar y luego me he vuelto a poner de pie. No hay ningún motivo para esto pero es que estoy muy contenta.

—¿Y cuándo vamos a ir?

—Gracián y yo nos vamos el miércoles que viene, para las pruebas de selección. Tú y papá iréis el viernes, para la gran final del sábado.

—¡¡¿¿Qué??!! ¡¡¿¿El sábado??!!, pero si jugamos contra el Decroly.

He mirado a mi padre. A mi madre. A mi padre. A mi madre. Ellos se han mirado entre sí. Creo que ellos ya sabían que iba a ocurrir algo así.

—No puedo ir, lo siento —me he cruzado de brazos, enfadada.

—Cariño, tienes partido todos los sábados, por uno que te pierdas no pasa nada —ha dicho mi madre.

Mi madre no tiene ni idea de lo que representa un partido contra el Decroly. Mi padre tampoco.

—Además saldremos el viernes a primera hora, con lo cual ese día no irás al colegio —ha dicho mi padre.

—Me da igual. No quiero saltarme ningún día de colegio, lo que quiero es jugar el sábado. Puedo perderme cualquier partido menos el del Decroly. Son los mejores. Si les ganamos, nos ponemos primeros en la liga.

—Lola —dice entonces mi padre—, esto es algo muy importante, y no sólo para tu hermano. Hemos pensado que no sería bueno para ti perdértelo, que todos deberíamos participar de los éxitos de Gracián —mi padre habla como si estuviera distraído, y no deja de coger patatas de mi plato.

—¡¡Vale ya!! ¡¡Son mías!! —he dicho y he apartado el plato de su alcance—. No pienso ir.

—Pero cariño…

—¡Además, ni siquiera es seguro que se vaya a clasificar para las pruebas finales, digo yo! ¿No tiene pruebas el miércoles y el jueves?

Gracián no dice nada.

—Para alguien de su nivel no creemos que esas pruebas representen ningún problema, Lola. Hay que hacerlas, por supuesto, pero mi opinión es que Gracián se clasificaría aunque tocara con los ojos cerrados.

—Bueno, pues en ese caso, no pienso ir, y ya no lo voy a decir más veces, no pienso ir.

—Vale, pues no lo digas más veces —ha dicho Gracián.

—¡¿A que lo digo otra vez, anormal?!

—¡¡¡Lola!!! —ha gritado mi madre, pero yo ya no atiendo a razones.

Me he levantado y me he ido de allí y me he ido a la calle y me he vuelto a meter porque no quería que mi padre ni mi madre vinieran a buscarme y me he quedado al lado de la puerta sin saber muy bien qué hacer pero muy enfadada.

Capítulo siete

En 1791 Mozart fue a visitar al maestro Stoll en Baden, que es una pequeña ciudad cercana a Viena. El maestro Stoll era el director del coro de la parroquia del pueblo y había dado clases de música al hijo de Mozart. Mozart le estaba muy agradecido por ello. Al parecer siempre tuvo un especial cariño al maestro Stoll.

Así que, mientras estaba de visita, decidió componer una obra para regalársela. Se encerró en una habitación y al rato salió con ella debajo del brazo. Era una obra breve, sencilla, pero genial. El maestro Stoll leyó la partitura y se quedó boquiabierto. Era el *Ave Verum*. Fue una de las últimas obras de Mozart. Pocos meses después, aunque era joven, sólo tenía treinta y cinco años, murió. Todo esto lo sé porque mi madre me lo ha contado muchas veces. Mi madre dice que en la época de Mozart mucha gente se moría muy joven.

Mi madre está escuchando el *Ave Verum* de Mozart en el salón, aprovechando que Gracián ha ido a estudiar a casa de su profesor de piano. A mi madre no le gusta oír la música con auriculares. Dice que la música clásica no está hecha para eso, que la música te tiene que envolver y los auriculares no lo hacen.

He entrado en el salón para hablar con mi madre, pero cuando me he dado cuenta de que estaba escuchando el *Ave*

Verum he decidido esperar a que acabara. Mi madre dice que no hay obra más emocionante, más perfecta y más bella que el *Ave Verum* de Mozart. Cada vez que la oye se emociona. Se le llenan los ojos de lágrimas.

—¡Qué don, qué capacidad, qué genio!

Mi padre suele decirle a mi madre que tampoco es para tanto.

—Aunque estuvieras cien años intentándolo, jamás compondrías algo tan maravilloso como el *Ave Verum* —dice mi madre.

—Por supuesto que no, pero eso no tiene nada que ver. Estábamos hablando de Mozart, no de mí —dice entonces mi padre.

Afortunadamente hoy mi padre no está en el salón. Así no discuten. La verdad es que mi padre podría componer una obra para regalársela a Ka Hun Za, tal como hizo Mozart con el profesor de música de su hijo. Lo que pasa es que ahora mi padre está liado con la música para el anuncio de Happy Laundry y no creo que tenga tiempo ni ganas de hacerle regalos a Ka Hun Za.

—¿Qué quieres, hija? —me ha dicho mi madre.

Hoy mi madre no ha llorado ni nada cuando ha acabado el *Ave Verum*, seguramente porque sabía que yo estaba aquí esperándola.

—Mamá, no es tan complicado, ya sé lo que vamos a hacer.

—A ver.

—El jueves cojo mi ropa, me voy a dormir a casa de los abuelos y el viernes voy en autobús al colegio...

Mi madre me interrumpe.

—Los abuelos no pueden, cariño, ¿cuántas veces te he dicho que están muy mayores ya para eso?

—Pero no tienen que hacer nada, puedo cenar un bocadillo…

—Que no.

—Pues me quedo aquí sola, sé cuidarme perfectamente. Además, para cualquier cosa están los vecinos.

—No, cariño.

—¿Por qué?

—Porque no.

—Pues que no vaya papá al concurso, seguro que no le hace tanta ilusión…

—Que no, Lola

—Pues me voy a casa de Celia, su madre siempre me lo dice…

—No es eso.

—¿El qué?

—No es que no queramos dejarte aquí

con alguien. Es que queremos que vengas con nosotros.

—Pero yo no quiero.

Mi madre ha mirado hacia la estantería, ha cruzado las piernas y ha vuelto a mirarme.

—Lola, tu padre y yo creemos que tu hermano tiene serias posibilidades de ganar el concurso. Es más, si te digo la verdad, estoy convencida de que lo va a ganar, y me daría mucha, pero mucha pena que tú no vivieras ese momento. Lo hacemos por ti, hija, tú eres la primera que lamentaría el día de mañana no haber asistido al primer gran triunfo de la carrera pianística de tu hermano.

—Seguro que habrá otros momentos como éste.

De pronto mi madre se enfada.

—¡Y también habrá otros partidos

como éste! ¡Mira que eres cabezota!

—¡No son como éste!

—¡Me da igual! ¡Por mucho que me digas no se puede comparar tu partido de fútbol con un acontecimiento del que se va a hablar en todo el país y en el que participa tu hermano! ¡Todos los niños faltan a partidos y no pasa nada! ¡Es el colmo!

—¡¡No pienso ir!!

—¡¡Vas a venir!! ¡¡¡Estás muy equivocada si piensas que te voy a permitir hacer lo que te dé la gana!!!

—¡¡¿Y qué me haces si lo hago?!!

Mi madre me aguanta la mirada sin decir nada. Luego habla muy tranquila.

—No voy hacerte nada, Lola, porque vas a venir.

Si mi madre sabe hablar con tranquilidad, yo también. A veces las cosas que dices sin gritar son las que más efecto tienen.

—Es injusto —digo—, y tú lo sabes.

Me doy la vuelta y salgo del salón. Aunque mis padres no me dejan cerrar la puerta de mi cuarto con pestillo, lo hago.

Me siento en la cama. Enseguida mi madre está llamando a la puerta y diciendo que quiere hablar conmigo, que abra inmediatamente. Le digo que si va a decirme otra vez lo mismo no pienso abrir.

—Lola, abre, por favor.

—No voy a abrir.

—De acuerdo, hija, de acuerdo —noto por el tono que mi madre está muy enfadada, aunque sigue serena—. Pero que sepas que esto no se va a quedar así. Te estás comportando como una niña caprichosa —y oigo que se aleja por el pasillo.

Me meto bajo las sábanas y las mantas de mi cama como en una tienda de campaña y empiezo a pensar y pienso muchas cosas y no paro de pensar. ¿Por qué tiene que pasarme todo esto? ¿Por qué? ¿Por qué mi madre nunca me deja escoger lo que quiero? ¿Por qué se empeña en decidir lo que es mejor para mí? ¿Por qué tiene que ser más importante ver cómo triunfa mi hermano que jugar un partido de fútbol? ¿Por qué a mi madre le cuesta tanto entender que mi vida es mi vida y la de Gracián es la suya? ¿Por qué no entiende que además de ver triunfar a mi hermano hay otras cosas que también me hacen feliz, incluso más feliz?

Me quito las sábanas y las mantas a

patadas, porque ahora tengo mucho calor. Me toco las costras de mis heridas en los talones. El entrenador me explicó cómo debía protegerme la zona, con gasas y esparadrapo, en el próximo partido. Pienso en mis botas rojas. Sé que ya no van a hacerme más daño. Sé que con esas botas voy a hacer cosas muy buenas. El otro día lo noté, que tiraba mucho más fuerte con ellas. ¿Para eso me regalas una botas nuevas, mamá? ¿Me regalas las botas y luego pretendes que no vaya a los partidos?

Lo que suena ahora, de repente, es el piano de Gracián, que al parecer ya ha vuelto a casa. Mi hermano tiene permitido tocar el piano hasta las diez de la noche. Después no. Eso es lo que acordaron mis padres con los vecinos, que yo creo que fueron los primeros en darse cuenta de que el aislamiento del cuarto de Gracián no había sido tan efectivo. Que yo me acueste cada día a las nueve y cuarto o nueve y media, eso ya no parece importarles demasiado a mis padres.

El estruendo es tan insoportable que decido responder. Está consiguiendo irritarme. Saco mi violín de su funda y lo toco con todas mis fuerzas, tan mal como sólo yo sé hacer. Pero nada cambia en el piano de Gracián. Pienso que mi violín es muy malo porque suena con muy poca fuerza e intento tocar todavía más alto. Entonces noto que el arco se me enreda. Al menos tres de sus crines se han roto.

Me siento estúpida. No hay nada que me dé más rabia que esto: que se le rompan las crines al arco, mi parte favorita del violín.

Veo sobre la mesa el *sumuyaca*, *sucuyuma*, *sicoyasu*, o como se llame, y lo tiro con todas mis fuerzas contra la pared.

Es curioso, pero el *sukuyuso*, al romperse, no ha hecho ni el más mínimo ruido.

Capítulo ocho

Posibilidad n.º 1: fingir que estoy mala y no puedo ir al viaje.

Posibilidad n.º 2: escaparme de casa el mismo viernes por la mañana, antes de que se levante mi padre.

Posibilidad n.º 3: echarle un poco de Happy Laundry a mi padre en el café, para que devuelva y se le quiten las ganas de ir al concurso.

Posibilidad n.º 4: decirle a mi padre que si no me deja quedarme en casa para ir a mi partido del sábado contra el Decroly, entonces dejaré el violín para siempre y probablemente abandonaré el colegio para siempre y también probablemente me convertiré en una niña muy peligrosa.

Posibilidad n.º 5: contarle a mi padre que le ha llamado un señor de una marca muy importante, por ejemplo, Coca-Cola, para que mi padre haga la música de un anuncio, y que sólo pueden quedar el sábado por la mañana con él...

—¿Lola? —es Ka Hun Za, me está mirando muy de cerca.

—Qué —le digo.

—Estás muy distraída.

—Sí, perdón, me pasa a veces.

—¿Puedes decirme de qué compositor es la obra que estaba tocando?

No tengo ni idea, claro, porque mientras Ka Hun Za daba vueltas alrededor de nosotros tocando su violín, yo me he puesto a pensar en lo del viaje a Jaén y en las posibilidades que tenía de librarme.

—¿Schumann? —digo a voleo, por decir algo.

—Sí, exacto, una sonata de Schumann. Muy bien, Lola.

Es increíble la suerte que he tenido. He estado a punto de decir Beethoven, pero al final he dicho Schumann. Hasta hace un momento Beethoven y Schumman me caían bastante mal. Ahora Schumann ha subido unos cuantos puntos.

Es miércoles. Hoy me ha traído a clase de violín mi padre, porque mi madre y Gracián se han marchado esta mañana muy temprano a Jaén. Mi padre y yo les hemos llevado a la estación antes de ir al colegio. Iban los dos muy nerviosos por si perdían el tren, pero al final les ha sobrado más de media hora. Mi madre me ha dado un beso y se ha bajado del coche. Desde que le dije que sí iba a ir al concurso se le pasó el enfado conmigo. Ella no sabe que lo dije por decir, claro.

—Os vemos el viernes. Deseadnos suerte —ha dicho.

—¡Mucha suerte! —he gritado, sin bajar siquiera la ventanilla, y los dos se han alejado hacia la entrada de la estación.

Mi madre arrastraba la gran maleta verde que compartía con Gracián, porque no quería que las manos de Gracián se dañaran con el esfuerzo. Gracián llevaba una percha en cada mano, con su traje y el vestido de mi madre para la final.

—¡Os habéis dejado una cosa! —les he dicho de pronto, bajando mi ventanilla.

—¿El qué? —han dicho los dos al mismo tiempo, parándose en el sitio.

—El piano —he dicho.

Los dos se han reído.

—Tú me lo traes el viernes —ha dicho Gracián, pero yo no he respondido nada.

Por la tarde, antes de venir a violín, ha ocurrido algo muy importante.

Resulta que me he encontrado al entrenador del equipo de fútbol en la puerta del colegio. Iba muy elegante, con una chaqueta de ante y una camisa blanca. Es la primera vez que no le veo vestido con chándal. Siempre me ha parecido muy guapo, pero hoy estaba más guapo que nunca.

Al principio me ha saludado desde lejos con la mano porque ha visto que yo no dejaba de mirarle. De hecho si yo le miraba tanto es porque estaba pensando en preguntarle qué pasaría si faltara al partido del sábado. Pero entonces me ha hecho un gesto para que me acercara.

—Lola... —me ha dicho.

Es curioso porque todo el rato me ha hablado sin mirarme directamente a mí, sino mirando hacia un punto lejano, igual que hacen los gánsteres en las películas cuando le encargan una misión a alguien. Los gánsteres, los entrenadores de fútbol y ese tipo de gente consideran que las cosas más importantes no se dicen mirando a la cara.

—Quiero que este sábado hagamos algo muy distinto.

—Sí —digo.

—Vamos a hacer una defensa mixta al Decroly. Defenderemos por zonas, como siempre, menos uno de nosotros que estará permanentemente pegado al jugador más peligroso del Decroly, el rubio, el pequeñín, sabes quién es, ¿verdad?

—Sí. ¿Marcaje al hombre, entonces?

—Eso es. Quiero que lo hagas tú. Que no le dejes ni a sol ni a sombra. Que no permitas que le llegue un solo balón. Es el jugador más desequilibrante que tienen, si conseguimos neutralizarlo tenemos mucho ganado.

—¿Yo, entonces, el sábado? —digo tontamente.

No sé si el entrenador asiente o ni siquiera lo hace, porque empieza a caminar con firmeza hacia la calle, donde veo que saluda al profesor de educación física. Los gánsteres también hacen eso: nunca terminan las conversaciones, dicen lo que quieren decir y se van, sin preocuparles cómo reacciona la persona con la que estaban hablando.

Ahora ya no puedo pensar en otra cosa, claro. Se lo cuento todo a Jimena, mi compañera de violín: que el entrenador me ha encargado una misión clave para el partido del sábado y que ahora ya no puedo faltar ni en broma. Jimena me pregunta en voz muy baja si tengo alguna solución. Le digo que tengo cinco posibilidades, pero que no sé por cuál decidirme.

—¿Qué tengo que hacer para que te calles, Lola? —dice de pronto Ka Hun Za.

—Perdón.

—¿Eh?, ¿qué tengo que hacer para que te calles?, dímelo.

—Dame un *sukuyama*.

—¿Cómo?

—Nada, era una broma. Mi hermano me dijo que en Japón la gente guarda los ruidos en unas bolitas de barro que se llaman *sukuyama*, pero creo que me estaba tomando el pelo.

—Lola, no sé de qué me estás hablando, pero no me hace ninguna gracia.

—Lo siento —digo, aunque Jimena no para de reírse con la mano en la boca y me contagia a mí la risa.

Ka Hun Za resopla muy seria y nos mira a las dos.

—Lola, Jimena, si vosotras no queréis aprender a tocar el violín es imposible que yo os enseñe. Así que ahora vais a pensar de verdad si queréis aprender a tocar el violín.

Ka Hun Za me ha llevado a una esquina de la clase y me ha sentado en una silla. A Jimena la ha llevado a otra esquina.

—Si vuestra respuesta es negativa, la

solución es sencilla: hablamos con vuestros padres y dejáis la clase. Si vuestra respuesta es positiva, entonces os quedaréis para aprender de verdad y demostrar que tenéis ganas de hacerlo.

Me he quedado en la silla mientras otros compañeros tocaban para Ka Hun Za. Todos tocan lo mismo, una melodía de Vivaldi para la que se usan sólo dos dedos y dos cuerdas. Prefiero no mirar a Jimena, en su silla, para que no me dé la risa. Ka Hun Za insiste en que nos quitemos todos el reloj y nos recuerda que la norma es hacerlo antes de entrar en clase. Dice que el reloj nos estorba para tocar y para relajar la muñeca. Me lo quito. No sé qué hacer con él, no tengo bolsillo. Daniel, que es el mejor de la clase, está tocando la melodía. Pruebo a colgar el reloj en el mástil de mi violín, en las llaves para apretar las cuerdas, y se sujeta muy bien. Jimena se parte de risa al verlo. Intento quitarlo pero se queda enganchado. Ka Hun Za gira la cabeza y me pilla de lleno.

—Lo siento —digo—, es que se me ha enredado aquí.

Finalmente consigo sacarlo. Daniel sigue tocando y Ka Hun Za se olvida de mí. Cuando todos han terminado se me acerca.

—¿Sabes ya lo que quieres?

—Sí.

—¿El qué?

—Quiero aprender a tocar.

No sé qué pasaría si dijera lo contrario, pero he dicho esto. Creo que es lo que más me conviene.

—Bueno, pues ponte de pie. Es tu turno.

—¿De tocar?

—Claro.

—Pero a mí siempre me haces tocar sentada para que no me mueva tanto.

—Pues ahora vas a tocar de pie, como todo el mundo. Si realmente quieres aprender tendrás que hacerlo bien.

—Vale, ¿y qué toco?

Ka Hun Za ha vuelto a resoplar.

—Pues lo mismo que tus compañeros, el ejercicio de hoy.

—Ah, vale. Es que el otro día se me rompieron unas crines del arco, aunque ya las arranqué.

Ka Hun Za coge mi arco y lo mira. Dice que está bien y me lo devuelve. No sé si seré capaz de tocar lo de Vivaldi demasiado bien. En cualquier caso levanto el violín sobre el hombro y apoyo mi barbilla en él. Voy a empezar.

—Lola —me interrumpe Ka Hun Za—, ¿qué tienes en la muñeca?

Me miro. Es el reloj, que me lo he vuelto a poner.

—Es que no llevo bolsillos.

—No hay más sitios en el mundo para dejar tu reloj aparte de tu muñeca, ¿verdad?

Ka Hun Za está empezando a desesperarse de verdad. Se lo noto en la cara. Estoy casi segura de que tiene ganas de llorar. Pero creo que a las mujeres orientales no les hace ninguna gracia que las vean llorar en público. Bueno, a nadie le hace gracia, pero a ellas menos.

—Perdón —digo, mientras pongo el reloj en la silla.

Ka Hun Za no responde.

—Voy a tocar.

Creo adivinar que Ka Hun Za asiente. Me siento fatal por haberla fastidiado de esta manera, ella no tiene la culpa de que yo esté hoy tan nerviosa.

Empiezo a tocar la melodía de Vivaldi. Bueno, lo que yo toco no es exactamente la melodía de Vivaldi. Pero al menos lo intento. Cuando termino resulta que Ka Hun Za está llorando a moco tendido. La verdad es que la entiendo. Me pregunto si mi violín estará estropeado y por eso suena de esa manera.

Entonces Ka Hun Za nos ha pedido perdón y ha dicho que tenía que ir un momento al baño. Yo me he quedado muy preocupada por haberle hecho llorar así, pero cuando ha regresado ha dicho que no había tocado tan mal y que su llanto no tenía nada que ver.

No lo sé. Supongo que Ka Hun Za también tendrá otras preocupaciones aparte de la clase de violín, como nos pasa a todos.

Cuando mi padre, que me esperaba en la cafetería del conservatorio, me ha preguntado por la clase, le he dicho que no me había ido muy bien, que Ka Hun Za había llorado por mi culpa y que es ridículo que yo continúe con un instrumento para el que no puedo estar menos dotada. Mi padre ha liquidado el asunto diciendo que los primeros años de cualquier instrumento son muy difíciles.

Me parece extraño salir del conservatorio sin mi madre y no volver en autobús con ella. Mi padre dice que ha cogido el coche porque ha tenido que hacer unas gestiones lejos de casa, pero en realidad mi padre coge el coche siempre que puede. Está anocheciendo. Vamos los dos callados. Por un momento pienso en contarle a mi padre lo que me ha dicho mi entrenador de fútbol, la confianza que ha puesto en mí para una misión tan especial en el partido del sábado. Pero no lo hago.

Algunas farolas empiezan a encenderse. También me parece extraña la idea de llegar sola con mi padre a casa y cenar con él y no tener que oír todo el rato el piano de Gracián.

—¿Qué es para ti el Happy Laundry, Lola?

—¿El Happy Laundry?

—Sí.

—Un detergente, ¿no? Ya lo discutisteis el otro día.

—Sí, bueno, pero me interesa saber qué idea tienes tú del Happy Laundry, si te atrae, si te gusta verlo en la despensa de casa…

—¿El Happy Laundry?

—Sí.

—Hombre, no me pone especialmente contenta descubrir que hay un bote de Happy Laundry en la despensa, la verdad.

—Claro, pero, entiéndeme, ¿si mamá compra ese detergente te hace más ilusión que si compra otros?

—Creo que no, papá, me da igual, me da absolutamente igual.

—¿Sí?, ¿seguro?

—Segurísimo.

—Vaya.

—Lo siento, a lo mejor esperabas oír lo contrario.

—Tengo la teoría de que el Happy Laundry va dirigido a la niña que todas las mujeres llevan dentro y que por eso es rosa y huele a golosinas. Pero veo que a ti eso te da igual.

—Pues sí.

—Tú no eres muy de rosa ni de golosinas.

—Sí que me gusta el rosa, y las golosinas también. Pero que el detergente sea así, pues no sé…

—Había pensado plantear una música muy infantil para el anuncio, como de princesas o así, pero creo que no es buena idea.

Miro a mi padre. Mi padre trabaja en estas cosas y es normal que le obsesionen, igual que a mí me obsesionan otras cosas.

—No lo sé, papá, no lo sé —le digo.

Seguimos un rato en silencio antes de llegar a casa. Por algún motivo me viene a la cabeza Ka Hun Za, y la imagino triste y llorosa, poniendo la lavadora de su casa. Imagino que pone la lavadora con el violín sujeto entre la barbilla y el hombro, como quien sujeta un teléfono sin utilizar las manos. Siempre pienso que Ka Hun Za hace todas las labores con el violín así. Entonces imagino el momento en que Ka Hun Za entra en la despensa y ve el Happy Laundry y toda su tristeza y su llanto desaparecen de pronto y en la boca se le dibuja una sonrisa enorme de felicidad. Creo que algo así es lo que piensa mi padre del Happy Laundry.

Capítulo nueve

Posibilidad n.º 2: escaparme de casa el mismo viernes por la mañana, antes de que se levante mi padre.

Es viernes. Son las siete de la mañana, pero todavía es de noche. Estoy en el pasillo. La luz de las farolas que entra por el ventanal del salón me basta para ver la puerta de la habitación de mis padres cerrada. No creo que mi padre se levante antes de las ocho. Él y yo cogeremos el tren a Jaén a las once de la mañana.

Sé que no debo hacerlo. Sé que está totalmente prohibido que yo haga algo así. Sé que mi padre se va a llevar un susto de muerte cuando no me encuentre aquí. Sé que mi madre se va a llevar otro susto de muerte cuando se entere. Sé que van a castigarme y que mereceré el castigo. ¿Pero qué alternativa tengo? ¿Ir al concurso con mi padre? ¿Dedicar la mañana del sábado a ver cómo Gracián toca el piano en un teatro abarrotado de gente mientras mis compañeros juegan contra el Decroly y mi entrenador mira nervioso el reloj esperando a que yo llegue a hacer el marcaje al hombre?

Lo siento pero no puedo imaginar ese partido sin mí. No soy capaz. Sé que tengo que estar ahí, sé que voy a estar ahí. Así que decido no darle más vueltas. Enciendo la luz de mi habitación. Me quito el pijama y empiezo a vestirme en silencio.

Mi madre nos llamó anoche y nos dijo que Gracián había pasado las pruebas de selección sobradamente. Dijo que no había estado todo lo brillante que él puede estar, pero que en general eso les había pasado a todos los concursantes. Mi padre dijo que era normal, que no podía esperarse otra cosa, y le confirmó a mi madre la hora a la que llegaríamos nosotros.

Un poco después, mientras mi padre guardaba los platos de la cena en el lavavajillas, volví a decírselo:

—Papá, última oportunidad —le dije.

—¿No vendrás otra vez con lo mismo, Lola?

—No, eres tú quien no tiene que venir con lo mismo. Hay un montón de sitios en los que puedo quedarme.

—Ya lo hemos hablado, hija. Tienes que aceptarlo, a veces uno no puede hacer lo que quiere. En este momento no creo que haya nada más importante que puedas aprender.

—Pero en este caso sí que puedo hacer lo que quiero, papá, ésa es la cuestión. Es tan fácil como ir a dormir a casa de un amigo.

—¿Eran las condiciones o no? Cuando te metimos en el equipo de fútbol dijimos que el equipo sería una diversión, no una obligación.

—Por eso quiero ir.

—No podemos cambiar los planes de toda la familia por un partido de fútbol, Lola. No sé si lo sabes, pero acabas poniéndote pesadita. Tienes más de veinte partidos al año, no pasa nada si faltas a uno. A veces pienso que estáis demasiado consentidos...

Puede que mi padre siguiera hablando, pero yo ya había salido de la cocina.

Ahora, en esta casa tan silenciosa, cuando todavía no ha amanecido, termino de peinarme y de hacerme la coleta. Cojo la mochila, la pongo sobre la cama y meto en ella las botas de fútbol, el uniforme del equipo y el pijama que me acabo de quitar. Arranco una hoja de un cuaderno y escribo:

HOLA, PAPÁ, SOY LOLA. NO QUIERO QUE TE ASUSTES NI QUE TE ENFADES. HE TOMADO LA DECISIÓN DE NO IR AL VIAJE A JAÉN, PORQUE PARA MÍ JUGAR EL PARTIDO DE MAÑANA ES LO MÁS IMPORTANTE DEL MUNDO. CUANDO TÚ LEAS ESTO YO ESTARÉ EN UN LUGAR SECRETO EN EL QUE ES IMPOSIBLE QUE ME ENCUENTRES, PERO TE ASEGURO QUE VOY A ESTAR BIEN Y QUE NO VOY A CORRER NINGÚN PELIGRO Y QUE NI TÚ NI MAMÁ DEBÉIS PREOCUPAROS POR MÍ, PORQUE CUANDO VOLVÁIS EL SÁBADO YO ESTARÉ

PERFECTAMENTE Y HABRÉ JUGADO MI PARTIDO, QUE ES LO QUE QUIERO HACER. LO SIENTO, PERO NO ME HA QUEDADO MÁS REMEDIO. TE PIDO QUE NO ME BUSQUES Y QUE TE VAYAS A JAÉN TRANQUILAMENTE.

Estiro las sábanas y la colcha de mi cama y dejo la nota encima. Repaso mentalmente si llevo todo lo necesario y apago la luz. Salgo sigilosamente por el pasillo. No miro hacia ningún lado, sólo al frente. Llegada esta situación ya es mejor no pararse a pensar y seguir adelante. Quito la cadenita, cojo mis zapatillas y abro la puerta de casa con cuidado. Al salir al descansillo la luz se enciende automáticamente, como siempre, pero yo me pego un susto de muerte. Abrir la puerta sin hacer ruido es fácil, pero cerrarla no. Ahora ya no puedo dedicar más tiempo a pensar estas cosas y decido dejarla abierta, aunque lo menos posible. Me siento en el primer escalón para ponerme las zapatillas. El suelo del descansillo está helado.

Bajo las escaleras. No hay nadie. Las luces de cada descansillo se van encendiendo según voy llegando yo. Siento algo extraño en las piernas, no sé si es nerviosismo o miedo o qué. Al fin llego al portal y aunque tengo ganas de correr sé que es mejor no hacerlo. Abro la puerta con el interruptor que hay junto a los buzones y salgo a la calle. Es de noche, pero arriba de la calle, donde termina la cuesta, ya puede verse la luz del amanecer. Hace frío.

Sé bien lo que tengo que hacer. Camino calle abajo hasta la avenida. Allí giro y voy también hacia abajo. Me sorprende encontrar tanta gente en las aceras y en las cafeterías. Supongo que todas las personas que veo, y que caminan incluso más deprisa que yo, se dirigen a trabajar. No hay nadie como yo. Quiero decir que no hay nadie que tenga mi edad.

Cuando cruzo la avenida para subir por la calle Maqueda me doy cuenta de que también hay un montón de coches. Todos esperando tras el paso de cebra, con sus luces que me deslumbran, como animales dispuestos a atacarme en cuanto me descuide. Me parece curioso que tanta gente tenga que empezar a trabajar cuando todavía es de noche. Y que encima tengan tantas prisas.

La calle Maqueda no es recta y, pasada la primera curva, está completamente vacía. No hay ninguna tienda, las casas son más bajas y, de hecho, parece como

si aquí fuera más de noche. Sé que sólo tengo que subir esta calle y ya estoy en la calle San Miguel. Miro hacia atrás y ahora sí que no puedo evitarlo: empiezo a correr. No es que tenga prisa, ni ningún motivo particular para correr. Simplemente es que me apetece, lo necesito, me sale así. Por algún motivo corriendo me siento menos sola.

Llego al número 23 de la calle San Miguel, la casa de Jimena. Descanso un momento, respiro hondo y aprovecho que una señora sale para meterme en el portal. Subo hasta el cuarto piso, recorro el largo pasillo lleno de puertas y llamo al timbre de la puerta J. Cuando fue el cumpleaños de Jimena el año pasado ella le dijo a todo el mundo que era muy fácil acordarse de la letra de su casa, porque era la primera letra de su propio nombre. Lo malo es que mucha gente llamó al 4.º G, porque pensaban que Jimena se escribía con G.

Oigo que se abre la puerta. Es la madre de Jimena. Tarda un rato en darse cuenta de quién soy yo. Supongo que le extraña encontrarme aquí a estas horas.

—Hola —le digo—. ¿Está Jimena?

—Sí, claro —abre más la puerta. Lleva un albornoz blanco y por los gestos de su lengua me parece evidente que estaba desayunando cuando yo he llamado—. ¿Has venido tú sola? ¿Ocurre algo?

—Eh, no, no, es que esta noche pensaba dormir aquí, mis padres tienen un viaje y...

—¡¡¡Lola!!! —es Jimena, que ha aparecido con pijama y totalmente despeinada y se ha abalanzado a darme un abrazo.

Jimena está como una cabra.

—¿Esta noche? Pero queda mucho para esta noche, ¿no? —dice su madre.

—Sí, bueno, ya, pero es que mi padre se va en un rato y he venido a traer la mochila y hablar el asunto con vosotras. Luego me voy al cole.

—¿Y dónde está tu padre?

—En casa.

—¿Y te ha dado permiso para venir aquí?

—¿Eh?

—¿Saben tus padres que estás aquí, Lola?

—Sí, claro, si puedo quedarme aquí, ellos encantados.

Jimena ha empezado a dar saltos al lado de su madre y a rogarle que me dejara quedarme en su casa esta noche.

—Te prometo que estaremos toda la

tarde tocando el violín, mami —ha dicho entonces Jimena.

Si yo no estuviera tan nerviosa creo que me habría reído con un comentario así.

Pero la madre no parece muy convencida.

—Vamos a llamar a tu padre a ver qué sucede. Pasad, niñas, por favor, y cerrad la puerta.

La madre enciende la luz del salón y coge un teléfono inalámbrico. Jimena y yo nos quedamos de pie junto a la puerta de la cocina. La madre me pide el número de mi casa. Estoy perdida. Me doy cuenta ahora de las pocas posibilidades que tenía de que mi plan triunfara. Le doy el número, pero antes de que ella pueda marcar le digo:

—Es que mi padre quiere que vaya con él al viaje, pero a mí no me apetece nada de nada porque mañana tengo un partido importantísimo con mi equipo de fútbol del colegio, pero como no tengo a nadie con quien quedarme pues por eso mi padre me lleva de viaje, así que lo mejor es que le digas a mi padre que puedo quedarme aquí, que aquí voy a estar bien, y que mañana yo voy al partido por mi cuenta o si queréis me lleváis vosotras, juego en el colegio Decroly, está un poco lejos pero tampoco muchísimo.

La madre de Jimena me mira con cierta desconfianza.

—¿Puedes repetirme el número, por favor?

Según se lo digo ella va marcándolo. Mientras espera respuesta mira hacia el techo.

—Dile que me he venido ya para acá porque no quería despertarle, pero que le he dejado una nota en mi cuarto —digo ahora.

Al fin contesta mi padre. Todo ha terminado. La madre de Jimena le cuenta que estoy aquí y que pretendo dormir con Jimena esta noche. No sé qué dice mi padre al otro lado de la línea, pero debe de estar bastante enfadado.

—Ya, ya, claro —dice la madre de Jimena.

Oigo la voz de mi padre al otro lado. Al final parece tranquilizarse un poco.

—Bueno, eso como tú quieras. Pero que sepas que por mi parte no habría ningún problema —dice ahora la madre de Jimena—. Precisamente voy a estar yo sola con la niña, así que para ella sería genial poder jugar con una amiga.

Mi padre responde algo.

—Ya, ya —dice la madre de Jimena—,

ya. Pues es San Miguel, número 23, 4.º J. Jota de Jimena, es muy fácil.

Se despiden y la madre cuelga el teléfono.

—¿Qué ha dicho? —dice Jimena.

—No puede quedarse, viene a buscarla.

—¡Pero mamá! —Jimena está indignada. Camina hacia su madre con mucha decisión—. No se lo has explicado nada bien.

—¿Qué es lo que no le he explicado bien? Lola ha salido de casa sola y sin permiso. Eso no está bien, es peligroso.

—¡No le has dicho lo del partido y que nosotras podemos llevarla, mamá, sería genial!

—Ya sabe lo del partido, Jimena, pero el hermano de Lola participa en un concurso de piano mañana y quieren que Lola también vaya.

—¡Qué tontería! —dice Jimena, y se va enfadada de allí.

—Lo siento —digo yo entonces a la madre.

—A veces no se puede hacer todo lo que se quiere hacer, Lola —dice ella.

—Ya, ya, eso ya lo sé —digo.

La madre de Jimena me invita a desayunar mientras llega mi padre. Jimena, que ya no está tan enfadada, se dedica todo el rato a hacer el ganso con los cereales y con una pajita con la que sorbe la leche que los rodea. Mi padre no tarda más de media hora en llegar. Llama al telefonillo. Mientras la madre de Jimena va abrir la puerta a mi padre, yo me acabo la leche del tazón, lo dejo en la pila y me levanto.

—Te tenías que haber escapado de verdad —dice entonces Jimena—, no haberle contado nada a mi madre ni a nadie. Yo te hubiera escondido en el armario o donde fuera.

Yo le digo que no creo que hubiera sido buena idea. Oigo que la madre de Jimena abre la puerta a mi padre. Mi padre le cuenta que ha llamado primero al 4.º G, porque hubiera jurado que Jimena se escribía con G.

—Está en la cocina —dice entonces la madre de Jimena.

Mi padre le dice algo que no puedo oír. Hablan un poco en voz baja. Luego mi padre entra en la cocina y, para ponerse a mi altura, se sienta en la silla en que yo he desayunado y me coge la cara con las dos manos.

—¡Nunca, nunca más hagas esto, Lola! Estoy muy disgustado. Nosotros estamos dispuestos a darte mucha confianza porque cada vez eres más mayor, pero nunca debes desobedecer de esta manera, y menos aún escaparte de casa.

Quiero decir alguna palabra, algo como «vale» o «de acuerdo», pero la verdad es que no me sale. Creo que mi padre se da cuenta.

—Todo menos ponerte en peligro —dice entonces, me mira fijamente a los ojos y se levanta.

Luego no sé qué hace. Quiero decir que sale de la cocina, pero no sé por qué. Entonces entra de nuevo con la maleta roja de ruedas y me la da.

—Puedes quedarte si quieres.

Tardo un momento en reaccionar.

—¿En serio? —y me abalanzo sobre su cintura para darle un abrazo.

Mientras le abrazo veo que Jimena se ha puesto de pie encima de la mesa y desde ahí se ha lanzado encima de su madre para abrazarla a ella también. Su madre grita y le regaña, pero Jimena está fuera de sí.

Mi padre habla un poco más con la madre de Jimena y se marcha.

—Pórtate bien, por favor —me dice como despedida—. Ya hablaremos más despacio de todo esto.

Ahora mi padre me cae muy bien. De golpe ha pasado de caerme muy mal a caerme fenomenal.

Mi madre también me cae fenomenal.

Y Jimena y su madre, por supuesto.

La verdad es que la madre de Jimena es simpatiquísima. Cuando Jimena se ha vestido nos ha llevado a las dos al colegio. A mí al mío y a Jimena al suyo. Me deja en la puerta de atrás del cole y queda en recogerme por la tarde en el mismo sitio.

Jimena y yo pasamos toda la tarde hablando en su habitación. Yo le cuento cosas de mi equipo de fútbol y de los partidos y de Gracián y del piano y de todo eso. Jimena, que no tiene hermanos, me dice que a ella le encantaría tener un hermano mayor como yo tengo.

Capítulo diez

A veces, raras veces, veo algún partido de fútbol con mi padre en la televisión. Aunque me encanta jugar al fútbol, no puedo decir que ver el fútbol en la tele sea lo que más me gusta del mundo. Me gusta, pero no es lo que más me gusta en el mundo, no sé si me explico. A mi padre tampoco.

El caso es que una vez, hace ya bastante tiempo de esto, mi hermano Gracián se apuntó durante un rato a ver un partido con nosotros, aunque en su caso esté claro que el fútbol no le interesa ni lo más mínimo. Lo que ocurrió es que en una jugada cualquiera, me acuerdo perfectamente, un defensa le hizo una entrada bestial a un delantero del otro equipo, y el comentarista, analizando la repetición de la jugada, dijo:

—Ha llegado tarde, claro.

Entonces Gracián, completamente perplejo, dijo:

—Llega tarde y encima le da una patada.

Mi padre y yo nos reímos a carcajadas. Al parecer mi hermano debía de imaginarse que los defensas y los delanteros están todo el rato quedando en distintos lugares del campo y que la puntualidad es algo muy valorado en el mundo del fútbol. Le explicamos que eso no era así, aunque le dijimos que en cierto modo sí podría decirse que los delanteros y los defensas quedan en distintos lugares del campo. En realidad, el lugar en el que quedan es siempre el lugar en el que está el balón, y que uno de los dos jugadores llegue tarde significa que llega cuando el balón ya no está y en lugar de darle una patada al balón se la da al otro jugador, con lo cual es falta. Bueno, esto es lo que le explicamos. Que lo entendiera mi hermano ya no lo tengo tan claro.

Llegar tarde. Eso es lo que he hecho yo esta mañana todo el rato. En lugar de dar al balón, que es lo que pretendía, le daba siempre al rubio, y el pobre chaval se ha llevado tantas patadas que creo que mañana va a tener las piernas más moradas que una berenjena. Pero lo peor de todo no es que haya llegado tarde muchas veces durante el partido. Lo peor es que he llegado tarde... ¡al partido!

Llevo toda la semana pensando en

este partido, preparándolo concienzudamente, luchando como loca para poder jugarlo y al final... ¡¡¡llego tarde!!!

Resulta que la madre de Jimena no tenía muy claro dónde estaba el colegio Decroly, y yo tampoco demasiado, la verdad, porque sólo he jugado una vez allí. En principio creo que el camino que ha escogido no estaba mal del todo, pero hemos tenido la mala pata de encontrarnos con una calle cortada por obras. Entonces la madre de Jimena ha decidido callejear y ahí ha sido cuando se ha perdido total, absurda, eterna e increíblemente. Al menos a mí me lo ha parecido así. Veinte minutos después de la hora, lo hemos encontrado.

Me he bajado del coche de un salto y en cuatro o cinco o no sé cuántos saltos he llegado hasta el campo de deportes. El entrenador no se ha molestado en mirarme cuando le he dicho que ya estaba allí. No me ha dicho nada, sencillamente. Así que, como he visto que estaba jugando Pier en mi lugar, he decidido sentarme en el banquillo prudentemente.

Estaba tan nerviosa y tan enfadada por lo que había pasado que no he conseguido centrarme en el partido. Y cuando, después de aparcar, han llegado Jimena y su madre, aún me he centrado menos, porque la boba de Jimena ha estado todo el rato dándome gritos de ánimo desde la banda contraria y llamando machista al entrenador por no dejarme jugar.

Finalmente la madre ha conseguido tranquilizar un poco a Jimena. Cuando ya íbamos perdiendo por 3-0, o a lo mejor más, me ha parecido oír una voz.

—¡Lola, al campo!

Era a mí. Según parece Pier había vuelto a fallar estrepitosamente. El caso es que el entrenador me estaba señalando a mí. Para que entrara. Para que me quitara el chándal y saltara al campo y ayudara a mis compañeros a ganar el partido. Por algún motivo me he puesto más nerviosa que nunca. Cuando he salido todos mi compañeros me han gritado para que volviera: resulta que se me había olvidado quitarme la parte de arriba del chándal.

No sé qué ha pasado, pero en ningún momento me he sentido bien en este partido. Mis piernas no corrían. Me sentía rara, como si el partido no fuera mío, como si no me entendiera con mis compañeros, como si los del Decroly fueran todos infinitamente más rápidos y más fuertes que nosotros.

He llegado tarde a todas mis citas con el rubio. Es normal, después de todo. Si llegas tarde a un partido, es normal que ya vayas todo el rato con retraso. Así que cada vez que el rubio recibía el balón e intentaba regatearme yo me lanzaba como un perro de presa hacia el balón, que es lo que el entrenador espera de mí. Volaba por el aire y le daba con tanta fuerza que si no lo mandaba a la calle era porque ciertamente nunca era el balón lo que yo encontraba, sino la pierna del rubio, que siempre era más rápido que yo.

Bueno, en realidad esto sólo ha ocurrido tres veces.

A la segunda el árbitro me ha sacado tarjeta amarilla.

A la tercera me ha expulsado.

Cuando yo he salido del campo, perdíamos 5-0. Al finalizar, el marcador ha sido de 9-0.

Hay días en los que es mejor quedarse en casa.

Eso, exactamente, es lo que me ha dicho el entrenador cuando me han echado.

—Hay días en los que, directamente, es mejor quedarse en casa.

Es por la tarde. Por más que Jimena trata de animarme en su casa, no lo consigue demasiado. Es imposible jugar un partido peor de lo que yo lo he hecho. También es imposible imaginar un partido en el que las cosas le vayan peor a mi equipo. Y ha tenido que ser, precisamente, en este partido. Después de todo lo que ha pasado.

No lo sé. Ahora pienso: «¿He hecho lo que debía hacer..., o a lo mejor...?»

Sí, eso es lo que estoy pensando, que a lo mejor nunca debería haberme alejado de mi familia, que no debería haberme borrado del viaje a Jaén ni haberme quedado para jugar este maldito partido de fútbol contra el Decroly.

Pero éste es un pensamiento equivocado. Lo sé. Las cosas han salido mal pero podrían haber salido bien. Porque si hubiera ido con mi familia al viaje estaría pensando que me tenía que haber quedado y que había dejado solos a mis compañeros. Cuando mi padre va en coche y hay mucho tráfico y duda mucho entre dos caminos posibles, siempre acaba encontrándose con un atasco. Entonces dice:

—Tenía que haber ido por el otro camino —y luego un poco después, añade—: No, no hay que pensar en el camino que no coges; el camino que no coges siempre parece mejor... hasta que lo coges.

Pues eso.

Como ya ha vuelto el padre de Jimena del viaje en el que estaba nos hemos ido todos a merendar. Pero yo estoy sin hambre y en realidad no me apetece nada ir a merendar con ellos, aunque no tenga otro remedio. Apenas abro la boca, ni para comer ni para hablar, a pesar de que Jimena me está poniendo nerviosa al contarle a su padre con pelos y señales todo lo que ha pasado en el partido de esta mañana. A su padre parece divertirle eso de que siendo chica yo juegue en una liga de chicos, pero apenas consigue que responda a ninguna de sus preguntas. Luego Jimena y él se dedican a jugar a piedra, papel y tijera, mientras yo no puedo dejar de rascarme las rodillas y de acordarme de las jugadas del partido y de rascarme más fuerte hasta casi hacerme sangre por lo mal que he jugado y por lo mal que han salido las cosas desde el primer momento. Jimena se parte de risa por las trampas que hace su padre.

Luego me llevan a casa. Se supone que mi familia llegaba a las siete y media y ya son las ocho. Cuando mi madre ha hablado por teléfono con la madre de Jimena le ha dicho que todo había ido bien, que ya me contarían lo que había pasado cuando me vieran. La madre de Jimena también le ha contado un poco lo que había pasado con mi partido, pero no demasiado.

No sé por qué, pero me da que me están preparando una sorpresita para cuando llegue a casa. Seguro que Gracián ha ganado el concurso sin problemas y están esperándome todos para darme la noticia. Pensar que voy a tener que contar todo lo que me ha ocurrido a mí me quita las ganas de cualquier cosa, la verdad.

La madre de Jimena me acompaña hasta casa, mientras Jimena y su padre se quedan en el coche. El portal está abierto. Subimos en ascensor. Por algún motivo no me apetece llamar al timbre a mí y es la madre de Jimena la que llama.

Abre mi madre. Me da un abrazo.

—Hola, bonita, qué alegría verte, ¿qué tal te lo has pasado?

Mi madre se levanta para hablar con la madre de Jimena, pero me sujeta por el hombro. Ahora me parece evidente que no me han preparado ninguna sorpresa. De hecho me ha dado la impresión de que mi madre se ha sorprendido un poco de verme allí.

La madre de Jimena se va y yo voy con mi madre hasta la habitación. La puerta del cuarto de Gracián está cerrada. Noto algo extraño, lo estoy notando, se lo noto a mi madre, lo noto en todo.

—Estarás cansada —dice mi madre—. Nosotros hemos llegado hace un rato.

Mi madre no me dice nada de Gracián, no me dice nada del concurso, tampoco hace ninguna alusión al hecho de que yo me escapara de casa ayer, ni siquiera al hecho de que al final no haya estado con ellos en el concurso.

—¿Qué ha pasado? —pregunto—. ¿Ha ganado Gracián?

Mi madre se apoya en el tirador de mi maleta roja, que ella misma ha arrastrado por el pasillo.

—No, hija, al final no ha ganado. ¿No te ha comentado nada la madre de Jimena?

—No.

—Nada, pues eso, no ha ganado. Precisamente estábamos hablando con Gracián.

—¿Pero ha pasado algo?

—No. A veces se gana y a veces se pierde, ¿verdad?

—Ya —me quedo un momento pensando.

—¿Te apetece darte un bañito, Lola? —dice mi madre poniéndose activa—. ¿Por qué no te bañas tranquilamente mientras papá y yo terminamos de hablar con Gracián?

—Ya me he duchado después del partido en casa de Jimena.

—Bueno, pues deshaz la maleta, cariño. Dame cinco minutos y estoy contigo.

Asiento. Mi madre sale de la habitación. Me quedo pensando.

Pienso que éste es uno de los días más raros de mi vida. Y tengo una sensación extraña. Sé que es algo sin ningún sentido, pero el caso es que lo siento: siento que, a lo mejor, quién sabe, si yo hubiera jugado bien y ganado mi partido contra el Decroly, también Gracián habría ganado su concurso de piano en Jaén.

Capítulo once

A veces el silencio puede ser muy ruidoso. Si todos los instrumentos de una orquesta están tocando una sinfonía a todo volumen y de repente se paran, se quedan callados y luego vuelven a tocar, ese silencio se nota mucho, se «oye». Ahora, por ejemplo, el silencio que hay en mi casa suena muy fuerte, porque viene después de un montón de años de piano.

Es curioso, las partituras musicales, aparte de decirte qué notas tienes que tocar, te dicen cuándo te tienes que callar y no tocar nada. Eso es el silencio en música. Y existen unos símbolos para representarlo. Esto siempre me ha llamado mucho la atención, que la cosa más fácil del mundo, dejar de tocar, también aparezca en una partitura. En mi caso, desde luego, no hay ninguna duda: es lo que mejor toco en cualquier obra de violín, el silencio.

¿A qué suena el silencio? Una vez mi madre me contó que un músico americano, para responder a esta pregunta, hizo una obra que era sólo silencio. El músico se llamaba John Cage, y la obra *4' 33''* (o sea, cuatro minutos, treinta y tres segundos). La obra consiste en eso, en cuatro minutos y treinta y tres segundos de silencio, y puede ser tocada por cualquier instrumento, incluso por una orquesta entera. Según mi madre, para John Cage la música era una manera de organizar el sonido y el silencio y esta obra era una de las formas posibles de organización. Después de tantos años de estudio y de tantas obras compuestas, resulta que *4' 33''* se convirtió en la obra más famosa de este compositor, y la más interpretada.

Mi madre me la enseñó una vez en Internet. Es increíble ver a toda una orquesta no hacer nada durante más de cuatro minutos y al director sujetando una batuta completamente inmóvil y al público escuchando con total atención. En realidad *4' 33''* no tiene partitura. Lo único que necesita el director para dirigirla es un reloj, que coloca sobre su atril. Cuando el reloj llega a los cuatro minutos y treinta y tres segundos, el director levanta la batuta, baja la cabeza y empiezan los aplausos. Por algún motivo esta obra suele tener mucho éxito, y tanto la orquesta como el director reciben infinidad de aplausos de un público entusiasmado. La verdad es que cuando la vi en Internet a mí también me impresionó. No puede negarse que es una obra distinta, rara y muy original.

Lo que John Cage pretendía mostrar con *4' 33''* es que el silencio nunca suena igual. No es lo mismo el silencio interpretado en un lugar o en otro. El silencio depende de lo que le rodea. Las toses del público, por ejemplo, nunca aparecen en el mismo momento. Y lo que hemos oído antes de la obra tampoco es igual. Según sean los sonidos precedentes, el silencio suena de una manera o de otra. Incluso suena más flojo o mas fuerte.

O muy, muy fuerte.

Como el silencio actual de mi casa.

Al parecer Gracián ha decidido apostar por el silencio. Mientras desayunábamos mis padres me han contado que, en la final de Jaén, Gracián estaba interpretando fenomenal la sonata de Beethoven que tanto había estudiado en casa, que tocó el primer movimiento a la perfección, pero cuando lo terminó, empezó el segundo movimiento de una manera que nadie podía esperar. En realidad no lo empezó, lo que hizo fue levantarse y con total tranquilidad salir del escenario. Ése fue su segundo movimiento. Se creó un gran revuelo entre el público y entre el jurado, porque Gracián era el favorito de muchos, pero ya no hubo manera de que volviera a entrar. Mi madre trató de convencerle de todas las maneras, pero Gracián se negó a hablar con ella. Simplemente, mediante movimientos de cabeza, dio a entender que no iba a tocar más en el concurso y que se quería volver a casa. Y así tuvieron que hacerlo. Desde entonces Gracián no abre la boca. Y menos aún abre la tapa de su piano. Y aunque mi madre dice que no debemos preocuparnos, que Gracián tiene estas cosas, yo creo que ella es la que más preocupada está por el silencio de mi hermano.

Al salir de la cocina he visto que el cuarto de Gracián tenía la puerta abierta. Me he asomado y le he saludado. Estaba sentado en su sillón azul, mirando un libro sobre volcanes que normalmente está en el salón. Llevaba puesto el pijama y la bata, como a él le gusta. Me ha mirado, ha sonreído ligeramente, y ha levantado la mano para saludarme.

—Hola, ¿qué tal estás? —le digo.

Hace un gesto con los ojos. Creo que quiere decirme que no está mal del todo. La verdad es que es curioso ese empeño por no hablar.

Desde mi habitación el silencio de la casa me sigue pareciendo raro, extrañísimo. Hace un momento me ha parecido que sonaba el piano con la misma intensidad de siempre, que Gracián había levantado la tapa y la casa se llenaba de sus interminables estudios y sus inconfundibles *crescendos*. Pero no es así. Me ha traicionado la fuerza de la costumbre. Mi oído está demasiado acostumbrado a esos sonidos y es capaz de reproducirlos, aunque no sean reales.

Me levanto, toso, hago mi cama y recojo un poco mi habitación. Necesito oír ruidos, quiero que vuelva a haber sonidos recorriendo la casa, por algún motivo no soporto este silencio. Yo misma camino de nuevo por el pasillo. Me gusta oír el sonido de mis pasos sobre el parqué. Preferiría que sonaran más fuerte. Ahora el cuarto de Gracián está cerrado.

Entro en la cocina y me lleno un vaso de agua. He llenado el vaso demasiado, pero ahora que está así no quiero que se caiga ni una gota. Sé que puedo llevarlo hasta la mesa sin cambiar la posición de la mano y apoyarlo y acercar la boca al borde del vaso y empezar a beber. Pero miro con tanta atención el vaso que no veo el barreño que hay en el suelo y me tropiezo con él y el vaso se me escapa de la mano y cae muy deprisa hacia el suelo. Algunos cristales han llegado todavía más lejos de lo que ha llegado el agua. Éste sí que ha sido un buen ruido.

Saco la fregona del armario, lo que

pasa es que fregar con cristales me parece un poco difícil. Entonces saco la escoba y tengo un problema parecido: barrer encima de un charco tampoco me parece que sea lo correcto. No sé muy bien qué hacer.

—¿Qué ha pasado? —dice mi madre entrando en la cocina.

—Que un vaso que estaba lleno de agua ha saltado desde el fregadero hasta el suelo, él solito.

—¡Ay, Lola!, que no estoy de humor para bromas, dame la escoba.

—Bueno, lo siento —le digo, y le doy la escoba.

—No pasa nada —dice mi madre.

Mi madre ha barrido los cristales sin preocuparle en absoluto que la escoba se empapara con el agua. Ha puesto a secar la escoba junto a la barandilla de la terracita y ha fregado el charco con la fregona. En ésas ha llegado mi padre, que había bajado a comprar algunas cosas en la farmacia.

—¿Alguna novedad? —dice mi padre, que parece más animado que mi madre.

Pone en la mesa una bolsa de patatas fritas que ha comprado en la churrería y las sirve en un plato. No hace ni una hora que hemos desayunado, pero los tres empezamos a picar como si hubiera pasado un mes desde nuestra última comida.

—¿Le digo a Gracián que venga? —dice mi madre—. Igual se anima.

Mi padre hace un gesto con la mano, como pidiéndole tranquilidad a mi madre.

—Déjale.

—Bueno, pero...

—No estemos encima —insiste mi padre—, que respire. Si Gracián es una olla a presión, será mejor que suelte el aire poco a poco, por sí solo.

—¿Otra vez lo de la presión?

—Es lo que ha dicho Juan Carlos.

—¿Vas a repetirme todo lo que ha dicho Juan Carlos? —dice mi madre—. Perdona, pero lo de la olla a presión es una tontería enorme.

Mi padre se encoge de hombros. Coge más patatas fritas. Al parecer mi padre ha estado hablando esta mañana con su amigo Juan Carlos, que es psicólogo, sobre Gracián.

—¿Qué es lo de la olla a presión? —pregunto.

—Tu hermano ha estado sometido a mucha presión, es como una olla exprés que hubiera acumulado demasiada tensión en su interior —dice mi padre—. Lo que necesita ahora para no explotar es enfriarse poco a poco.

—Si ha tenido mucha presión será por lo exigente que es consigo mismo, nada más —dice mi madre.

—Bueno, por lo que sea. También habrá que preguntarse por qué es tan exigente consigo mismo. Digo yo que nosotros tendremos algo que ver en ello.

Mi madre se queda un momento callada.

—Vale, de acuerdo. Pero yo no estoy tan segura de que sea eso lo que le pasa a Gracián, no creo que dándole tiempo y dejándolo enfriar vayamos a acabar con el problema.

—Entonces, ¿qué es lo que le pasa a Gracián? —pregunta mi padre.

—No lo sé, no lo sé —dice ella. Se queda un momento pensando y luego vuelve a hablar—. Gracián es un enigma, un talento bruto, entra dentro de lo posible que le ocurran estas cosas, que repentinamente tome decisiones que no podemos comprender.

—¿Quieres decir que está así porque es un genio?

—No, no quiero decir eso. De todas formas no sé por qué te cuesta tanto reconocer que tienes un hijo especial, excepcional. Si no te gusta la palabra genio, di otra cosa, pero ya va siendo hora de que lo reconozcamos y le tratemos como lo que es. Gracián no es normal, no es como los demás, nunca lo ha sido.

—Mira —dice entonces mi padre—, mira —pero no dice nada más. Creo que mi padre se está poniendo muy nervioso.

—¡¿Qué, qué miro?!

—¡Es que me pone nervioso que digas esas cosas!

—¡Pues tranquilízate porque son la pura verdad!

—¡No son la pura verdad! ¡Si de verdad queremos que Gracián vuelva a tocar, lo mejor que podemos hacer es no volver a hablar de genios en esta casa! ¡Ni genio, ni especial, ni excepcional, ni nada, o al final le convertiremos en un monstruo! —definitivamente mi padre está muy enfadado, nunca le había visto así.

Suelta una patata que tenía en la mano y se sacude las manos con fuerza. Se echa hacia atrás en la silla y mira hacia cualquier lado menos a mi madre.

Mi madre tampoco le mira a él. Mira la superficie de la mesa. Después se levanta, y antes de salir de la cocina, dice:

—A lo mejor tienes razón.

Por la tarde mi madre me lleva al cine. Como Gracián no quiere venir, mi padre se queda con él. Mi madre considera que a nosotras nos viene muy bien cambiar un poco de aires. Después de la película me invita a merendar. Me pregunta por mi partido de ayer y yo le cuento lo que pasó con todo detalle. Dice que no estuvo nada bien lo de escaparme de casa el viernes por la mañana. Le digo que ya lo sé. Luego me dice que todos estamos aprendiendo mucho en estos días tan intensos.

Cuando ya nos vamos a ir, me dice:

—Cariño, tú no te preocupes. Gracián se va a poner bien.

No hemos hablado en toda la tarde de mi hermano, pero mi madre dice esto como si fuera la conclusión lógica de todo lo que hemos dicho. Es curioso.

Por la noche, en mi habitación, siento de nuevo que el silencio que hay en la casa lo ocupa todo. Es hora de dormir. Tengo los ojos abiertos. Es un silencio tan profundo que lo único que puedo hacer es respetarlo. Quiero decir que ahora no me apetece hacer el más mínimo ruido. Sólo concentrarme para escuchar. Hace rato que mis padres se han encerrado en su habitación. Hace rato, mucho rato, que yo misma apagué la luz. Pero no puedo dormirme. Imagino a Gracián en una situación parecida a la mía, tumbado en su cama con los ojos abiertos, rodeado de oscuridad y escuchando el silencio. Caben tantas cosas en el silencio: ese tintineo metálico, quizá en el piso de arriba, o en el de abajo; esa lejanísima sirena en la calle; el sonido del aire, más fuerte o más flojo, al entrar por los agujeros de mi nariz.

De repente tengo una idea. No sé si es buena o no. Lo único que sé es que me apetece llevarla a cabo. Enciendo la luz, cojo mi violín, lo saco de su caja y me voy al cuarto de Gracián. Pero a mitad de camino me doy la vuelta, regreso a mi habitación y cojo un folio en blanco. Escribo con letras bien legibles:

J O H N   C A G E
4 '   3 3 ' '

Llamo suavemente con los nudillos en la puerta de mi hermano. Gracián no responde, claro, y decido abrir la puerta con cuidado. Efectivamente está a oscuras, tumbado sobre la cama.

—Perdona —le digo, y enciendo la

suave luz del atril de partituras, para que no le deslumbre.

Gracián me mira sorprendido, pero su mirada no parece desaprobar lo que hago.

—Voy a interpretarte una obra —le digo—. Es ésta —y le enseño el folio con mi anotación.

Él lee lo que pone y sonríe. Dejo el folio en el atril, giro un poco el taburete y me siento de cara a Gracián. Cojo el violín por el mástil y lo apoyo sobre mis piernas juntas. Me quito el reloj de mi muñeca izquierda. Nunca me acuerdo de hacerlo, pero esta vez lo he hecho. Dejo el reloj sobre la bandejita del atril, a la vista. Cuando el segundero llega a la hora en punto, empiezo mi interpretación. *4' 33''*, de John Cage. Veo que Gracián se ha sentado sobre la cama para observarme mejor. Nunca en la vida había tocado mejor una obra.

Cuando termino me pongo de pie. Gracián me aplaude discretamente.

—¿Quieres tocarlo conmigo? —le digo.

Gracián sonríe, se levanta y se sienta al piano, no en su taburete, que lo tengo yo, sino en la otra silla que hay en la mesa de estudio de su habitación.

—Vale, dentro de treinta segundos empezamos —le digo.

Cuando el segundero está a punto de llegar, hago el mismo movimiento que hace Ka Hun Za cuando nos da la entrada para que toquemos. Muevo la mano como una cruz, y empezamos. El silencio que conseguimos es muy bueno, me gusta, suena mucho mejor con dos instrumentos. Ya sé que esto parece una chorrada, y a lo mejor lo es, pero yo lo siento así. Me parece que la música puede unir mucho a las personas, y la obra de Cage es música, de eso ya no tengo duda.

En el momento en que el segundero llega al segundo treinta y tres del quinto minuto, los dos nos levantamos para poner fin a la obra. Oigo que Gracián suelta una estruendosa carcajada.

Le miro y también me río. Dudo si decirle algo, o dejarlo todo como está, sin palabras. Decido no abrir la boca y camino hacia la puerta.

De pronto me dejo llevar, me giro, y le pregunto:

—Lo del *sukuyama* ese que me regalaste, ¿era verdad?

—Claro que era verdad —dice Gracián—. ¿Acaso no has notado su efecto?

—Es que lo rompí —le digo, por decir algo, ya que no quiero que parezca que le doy mucha importancia al hecho de que Gracián haya vuelto a hablar.

—Da igual —me dice—, sigue haciendo efecto aunque se haya roto.

Capítulo doce

Mi madre me contó que una noche la mujer del músico Juan Sebastián Bach lo encontró sentado en la escalera de su casa, solo y llorando. Ella fue a su lado y le preguntó qué le pasaba. Bach, con los ojos llenos de lágrimas, le dijo que acababa de terminar la *Pasión según San Mateo.* Según mi madre la *Pasión según San Mateo* es la mejor obra de todas las que compuso Bach.

Me parece una historia emocionante. Creo que no la olvidaré nunca. Consigue que dentro del mundo de los músicos, Bach sea seguramente el que mejor me cae. Pero si me acuerdo de ella es porque un día, hace algo más de un mes, mi padre volvió a casa con un montón de helado que había comprado en una heladería artesanal que hay cerca de su estudio. Desde que entró por la puerta nos dimos todos cuenta de que mi padre estaba realmente eufórico. Le pasa a veces.

—¿Qué ocurre, cariño?, ¿has acabado la música del Happy Laundry? —dijo mi madre.

—¿Cómo lo sabes? —dijo mi padre—. Mirad, he traído helado para celebrarlo.

Cuando estábamos tomando el helado en la terraza me acordé de esa anécdota de Bach. Ya sé que no es lo mismo lo de mi padre y lo de Bach, y que no se puede comparar la *Pasión según San Mateo* con un anuncio de detergente, pero me gusta la gente que se pone contenta cuando hace un trabajo bien hecho. Me gusta que se sientan orgullosos del resultado y felices por haber sido capaces.

Para hacer un buen remate de cabeza no hay que dejar que la pelota choque contra tu cabeza, sino que tiene que ser tu cabeza la que choque contra la pelota. Es muy distinto. A mí nunca se me ha dado muy mal. Por eso hoy, cuando Manu ha sacado de banda con las manos y ha colgado el balón en el área, no he esperado a que la bola llegara hasta mi cabeza, sino que he saltado con todas mis fuerzas y he torcido el cuello para girar deprisa la cabeza e impactar a la bola en el momento preciso.

Es increíble lo bien que me ha salido. He metido un *chicharro* por toda la escuadra. La pena es que no sirva de mucho, porque el Colegio Americano iba ganándonos 0-3, y ahora ya no deben de quedar más de cinco minutos para que acabe el partido.

No es que el equipo del Colegio Americano sea muy bueno, pero desde que perdimos con el Decroly hemos entrado en una racha muy mala y ya no ganamos un partido ni en broma. Pero bueno.

El caso es que después de que todos mis compañeros me han felicitado por el gol busco con la mirada a Gracián, que está al otro lado de la barandilla junto a los padres de otros jugadores. Puedes pensar que esto me lo estoy inventando para hacerme la graciosa, pero es la verdad, tal como lo oyes. Gracián está viendo mi partido. Cuando me doy cuenta de que ha visto mi gol y de que me está aplaudiendo, le sonrío, y regreso hasta mi campo.

Ahora los sábados que mi equipo juega en nuestro colegio, no son mis padres los que me acompañan. Han pasado varias semanas desde lo de Jaén y todo eso, y ahora, un sábado de cada dos, Gracián y yo desayunamos juntos y vamos al colegio en autobús. Juan Carlos, el psicólogo amigo de mi padre al que está yendo mi hermano, le recomendó que practicara algún deporte. Le dijo que se apuntara a uno de los equipos del colegio, tal como hacía yo. Al parecer eso sería muy bueno para que mi hermano no se tomara tan en serio el piano.

Juan Carlos no consiguió que mi hermano se metiera en baloncesto ni nada así, claro, pero al menos Gracián sí aceptó apuntarse a las clases de esgrima que todos los sábados por la mañana se da a los mayores en el gimnasio de nuestro cole. Aunque no es un deporte de equipo, Juan Carlos dijo que era un paso muy importante. Yo creo que Juan Carlos no le cae mal a mi hermano. A mi hermano no le suele gustar la gente que le dice cómo tiene que hacer las cosas, pero con Juan Carlos nunca se ha metido. A lo mejor influye que Juan Carlos es un tipo muy enrollado y se pasa tardes enteras escuchando música con Gracián y charlando y, según parece, deja que sea el propio Gracián el que decida qué cosas son buenas para él y cuáles no.

Por ejemplo, lo de estar una buena temporada sin participar en concursos lo decidió Gracián. En casa todos teníamos claro, incluida mi madre, que Gracián se había exigido demasiado en la preparación del último concurso y que sería bueno para él descansar un tiempo, no agobiarse tanto, no tomarse el piano tan en serio. Pero Juan Carlos quiso que fuera el propio Gracián el que tomara la decisión.

No sé si mi hermano estará entre los veinticinco genios que según mi madre hay en el mundo. Lo único que sé es que a él eso ya no parece importarle tanto, ni a mi madre tampoco. Mi padre dice que Gracián toca mucho mejor el piano desde que no se cree un genio ni se siente obligado a tocar como un genio. También dice que el mejor camino para ser un genio de verdad es olvidarte por completo de que existen los genios y de que tú puedes ser uno de ellos.

Yo creo que mi padre tiene razón: cuando Leo Messi hace un partido muy bueno y todo el mundo le dice que es un genio siempre pasa lo mismo, que al siguiente partido Messi se siente obligado a jugar como un genio y entonces no le sale, e intenta cosas imposibles y no pasa a nadie el balón porque lo quiere hacer todo él.

Después del partido, Gracián y yo regresamos en autobús a casa. Estamos sentados en la última fila. Gracián lleva su florete dentro de una funda que apoya sobre sus piernas. El florete tiene una bola en la punta y no es peligroso, por eso mis padres aceptaron comprarle uno. Miro por la ventana. El último sábado que fui con Gracián en autobús le pregunté si era de los buenos o de los malos en esgrima, y él me dijo que era malísimo, pero que no le importaba. Me dijo que la esgrima le enseñaba a saber esperar su momento, a no atacar ni muy pronto ni muy tarde, y a no olvidar nunca la defensa.

La noche que Gracián volvió a hablar después de tocar conmigo *4' 33''* me acosté pensando que era una auténtica máquina, porque yo sola había conseguido hacer hablar a mi hermano. Es cierto que no tenía la seguridad de si al día siguiente Gracián iba a seguir hablando y si iba a hablar con todo el mundo, pero tenía el presentimiento de que lo más difícil estaba hecho. Y así fue.

A la mañana siguiente mi madre me despertó muy contenta y me dijo que Gracián había vuelto a hablar.

—¿Te crees que no lo sé? —le dije.

Lo curioso es que por la noche fui otra vez con mi violín a la habitación de Gracián, a tocar *4' 33''*. Mi hermano estaba encantado, y sugirió que después de tocar la obra de Cage tocáramos alguna otra cosa. A mí eso me asustó bastante, claro, pero mi hermano dijo que teníamos que tocar libremente, inventándonos la música. Proponía que lanzáramos al aire sonidos sueltos, muy sencillos. Dijo que teníamos que ocupar el silencio con respeto, escuchando cada nota que emitiéramos con la misma atención que habíamos escuchado el silencio. Y así lo hicimos. Supongo que me costó a mí más que a él, está claro, pero el caso es que yo misma me quedé sorprendida de los sonidos tan limpios y puros que estaba consiguiendo sacarle a mi violín. Jamás en la vida aquel violín había sonado ni la mitad de bien en mis manos. A veces, antes de aprender a escuchar la música hay que aprender a escuchar el silencio, eso también lo dijo mi hermano. Y si en ciertas ocasiones, sobre todo cuando en días sucesivos fuimos complicando un poco los sonidos y creando melodías más complejas, había notas que me fallaban o sonaban mal, Gracián me ayudaba a encontrar la entonación y a colocar bien el arco y relajar los hombros.

Ahora soy otra con el violín. Esto ha alegrado mucho a mi madre y a mi padre y a mí, claro está, pero yo creo que ante todo ha alegrado mucho a Ka Hun Za, que últimamente parece la persona más feliz del mundo. Jimena dice que en realidad yo no toco el violín tan bien y que ése no es el motivo por el que Ka Hun Za está tan contenta, sino porque, está convencida, Ka Hun Za tiene un novio nuevo.

Además de tocar el violín mejor, el otro día me dio por regalarle a Ka Hun Za un objeto que había fabricado yo misma con barro de modelar. Es una especie de huevo hueco por dentro y con dos agujeros, uno en cada extremo.

—Es un *miyusaku* —le dije.

—¿Para qué sirve?

—No lo sé —dije—, creo que no sirve para nada. Pero es bonito.

Creo que a Ka Hun Za también le pareció bonito. Me dio las gracias, guardó el regalo en su bolso y continuó con la clase. Jimena me dijo luego que Ka Hun Za no era tonta, y que lo del regalo le había parecido una chorrada. Le dije que no estaba de acuerdo, pero no tuve más ganas de discutir con ella.

Al fin, después del trayecto en autobús, hemos llegado a casa Gracián y yo. Notamos que mis padres están de lo más contentos. La verdad es que lo de no tener que madrugar los sábados les sienta bastante bien. Nos hacen muchas preguntas sobre nuestras actividades deportivas, como si el fútbol o la esgrima les interesaran mucho más de lo que realmente les interesan. Yo creo que mis padres se enteran mejor de lo que ocurre en mis partidos cuando no van a verlos que cuando van a verlos.

Por la noche, nos sentamos todos delante del televisor. Esta noche se emite por primera vez el anuncio de Happy Laundry para el que mi padre ha hecho la música. Mi padre va pasando con el mando a distancia por todas las cadenas que emiten anuncios en este momento. En mi casa, en vez de rehuir los anuncios, los buscamos. Es lo que más nos gusta. Mi padre está muy acostumbrado a ver anuncios con su música en la televisión, pero hoy le noto más ilusionado de lo habitual.

Finalmente sale el anuncio de Happy Laundry. Una mujer saca la ropa de la lavadora. Comprueba muy asustada que la ropa está llena de manchas. La música que suena es la de un violín estridente y desafinado, terrorífico. La mujer mete otra vez la ropa en la lavadora y añade Happy Laundry al detergente habitual. De fondo empieza a sonar una melodía de violín muy alegre. La mujer saca la ropa de la lavadora y descubre que las manchas han desaparecido. El violín suena ahora de manera nítida y elegante, y las imágenes pasan a mostrar, mediante animaciones, cómo las perlas del Oxi Action Intelligence que hay en el Happy Laundry penetran en los tejidos y absorben cualquier resto de suciedad. La música se vuelve entonces muy triunfal, porque a la melodía que toca el violín se le han sumado los acordes de un piano que a mí me parece maravilloso. Ya está.

Después de felicitar a mi padre y ver anuncios un rato más nos vamos a dormir. En la cama pienso en todo lo que ha pasado en las últimas semanas y también pienso en la esgrima y en el Happy Laundry y en algunas cosas más. Luego me duermo.

Y aunque la gente que está dormida no habla, yo sí voy a hacerlo. Sólo quiero decir una cosa. Si algún día conoces a una niña que se llama Lola, que juega al fútbol y toca el violín, no lo dudes, soy yo. A mí también me encantará conocerte y saber qué cara tienes.

Gracias por escuchar todo lo que te he contado.

Autor:

Rodrigo Muñoz Avia nació en Madrid en 1967. Licenciado en Filosofía por la Universidad Complutense de Madrid, alterna sus trabajos como escritor en distintos medios: prensa y diversas publicaciones sobre arte, guionista de películas para cine y televisión, y sobre todo novelista, tanto para adultos como para niños. En esta misma colección TUCÁN puedes encontrar también la novela titulada *Julia y Gus visitan el top manta* y *Los perfectos,* que fue obra ganadora del premio Edebé de Literatura Infantil en el 2007.

Ilustrador:

Jordi Sempere nació en Barcelona en 1963. Ha trabajado como ilustrador para editoriales especializadas en libro de texto. Además ha hecho de grafista y dibujante de tebeos para diversas revistas del país, aunque últimamente publica mayoritariamente en Francia. También es licenciado en Bellas Artes pero eso no lo suele decir a nadie.